普通高等教育"十三五"应用型本科系列规划教材

物流与供应链管理

主　编　汪小芬
副主编　王洪艳　胡玉玺

西安交通大学出版社
XI'AN JIAOTONG UNIVERSITY PRESS

国家一级出版社
全国百佳图书出版单位

内容提要

本书立足于物流学科发展的需要，深入分析当前物流专业教学、教材建设的需要，吸收了近年来物流与供应链管理领域的研究成果和专业教学经验。全书共分为三篇11章：第一篇理念篇（第1、2章）、第二篇运作篇（第3、4、5、6、7、8章）、第三篇战略篇（第9、10、11章）。本书每章都设置了"教学要点""导入案例""研究案例""思考题"等模块，力求理论与实践相结合，以方便学生在思考和练习中强化对物流与供应链管理的基本思想、方法、技能的领会及掌握。

本书可作为高等学校电子商务、市场营销、物流管理、交通运输管理、工商管理、管理科学与工程等专业的教学用书，也可以作为广大物流管理者和物流工程技术人员的培训教材及自学参考书。

前言

近年来,随着我国社会经济的高速发展,物流业也迅速发展。当今企业的竞争已不再是单个企业之间的竞争,而是企业所在的供应链与供应链之间的竞争。在供应链管理时代,现代物流与供应链的有关实践和理论将不断完善。物流与供应链管理涵盖了物流管理与供应链管理的基础理论、先进理念和技术方法,注重理论与实践的紧密结合,有利于培养具有一定物流与供应链理论知识且具备较强实践能力的综合型物流管理与技术人才。

本书立足于物流学科的发展,深入分析当前物流专业教学、教材建设的需要,吸收了近年来物流与供应链管理领域的研究成果和专业教学经验。全书共分为三篇11章:第一篇理念篇(第1、2章)、第二篇运作篇(第3、4、5、6、7、8章)、第三篇战略篇(第9、10、11章)。本书每章都设置了"本章要点""导入案例""研究案例""思考题"等模块,力求理论与实践相结合,以方便学生在思考和练习中强化对物流与供应链管理的基本思想、方法、技能的领会及掌握。

编者在多年教学与实践过程中形成了一套较为完善的知识体系,并积累了一些素材,在此基础上历时两年编写了本书。本书也参考了国内外诸多专家学者的著作、教材和论文,从中汲取了营养,获益匪浅,并直接或间接地借鉴了他们的学术成果,在此深表感谢和敬意。

物流与供应链管理学科的理论发展非常快,同时具有很强的地域、时代和个体差异性,虽然我们竭尽全力想为读者奉献最新的理论成果和最实用的操作方法,但由于水平有限,书中难免存在疏漏及不妥之处,希望读者专家学者批评指正。

本书可作为高等学校电子商务、市场营销、物流管理、交通运输管理、工商管理、管理科学与工程等专业的教学用书,也可作为广大物流管理者和物流工程技术人员的培训教材及自学参考书。

汪小芬

2019 年 3 月

目　录

第一篇　理念篇

第1章　物流概述 (003)
　1.1　物流价值的发现 (003)
　1.2　物流的基本职能 (005)
　1.3　物流模式的选择 (007)
　1.4　物流的基础理论 (009)

第2章　供应链管理概述 (014)
　2.1　供应链的概念 (014)
　2.2　供应链管理的诞生 (016)
　2.3　供应链管理的概念 (017)
　2.4　供应链管理的关键因素 (020)

第二篇　运作篇

第3章　需求管理与客户服务 (027)
　3.1　需求管理的必要性 (028)
　3.2　需求管理的概念 (029)
　3.3　预测需要考虑的因素 (030)
　3.4　预测方法与流程 (031)
　3.5　预测技术 (033)
　3.6　客户服务 (036)

第4章　采购与供应管理 (042)
　4.1　采购的作用 (043)
　4.2　采购的流程 (045)
　4.3　采购过程的管理 (047)
　4.4　招标性采购 (048)
　4.5　电子采购 (050)
　4.6　供应商关系管理 (051)

第5章 库存管理 (056)
- 5.1 库存的作用 (056)
- 5.2 库存的分类 (057)
- 5.3 库存成本的构成 (059)
- 5.4 定量订购法 (061)
- 5.5 供应链条件下的库存管理 (064)

第6章 仓储管理 (075)
- 6.1 仓储的功能 (076)
- 6.2 仓储管理的概念 (077)
- 6.3 基本的仓储决策 (078)
- 6.4 仓储作业管理 (086)
- 6.5 现代保管技术 (090)

第7章 运输管理 (094)
- 7.1 运输的作用 (094)
- 7.2 运输的基本原理 (095)
- 7.3 基本运输模式 (095)
- 7.4 运输合理化 (100)
- 7.5 运输运作方式的选择 (102)
- 7.6 运输成本的管理 (104)

第8章 包装、装卸和搬运 (109)
- 8.1 包装 (109)
- 8.2 装卸搬运 (113)
- 8.3 流通加工 (119)

第三篇 战略篇

第9章 物流信息技术 (127)
- 9.1 条码技术 (128)
- 9.2 射频识别技术 (131)
- 9.3 全球定位系统 (132)
- 9.4 地理信息系统 (134)
- 9.5 物联网 (137)

第10章 物流与供应链绩效评价 (141)
- 10.1 物流绩效评价概述 (141)
- 10.2 物流绩效评价指标 (143)

  10.3 标杆法绩效评估 …………………………………………………… (146)

第 11 章 物流成本核算与控制 ………………………………………………… (154)
  11.1 物流成本的构成与分类 ……………………………………………… (155)
  11.2 物流成本核算 ………………………………………………………… (158)
  11.3 物流成本控制 ………………………………………………………… (162)

参考文献 …………………………………………………………………………… (170)

第一篇

理念篇

第1章 物流概述

本章要点

知识要点	掌握程度
物流价值的发现	掌握
物流的基本职能	重点掌握
物流模式的选择	了解
物流的基础理论	了解

导入案例

在英国举办的"供应链管理"专题会议上,一位与会者提到,在他的欧洲日杂公司,从渔场码头得到原材料,经过加工、配送到产品的最终销售需要150天时间,而产品加工的整个过程仅仅需要45分钟。以美国食品业的麦片粥为例,产品从工厂到超级市场,途经一连串各有库房的批发商、分销商、集运人,居然需要104天。另有统计资料表明,在物流的增值过程中,只有10%的活动时间是产生增值的,其他90%的时间都是浪费的。

1.1 物流价值的发现

1.1.1 物流领域是一块"黑暗大陆"

物流是连接生产和消费的必要环节。没有物流,商品价值、货币价值和使用价值都将无法实现。近年来,物流领域在国内受到了很大的重视,政府、企业与学术界对物流都产生了很大的兴趣。其实,物流并不是我们去研究它才存在的,可以说物流伴随着人类的经济活动,早就存在于农业与工业社会。但是物流价值的发现并明确地被提出,是在20世纪60年代。

1962年4月,被称为管理学大师的彼得·德鲁克(Peter Drucker)在《财富》杂志上发表题为《经济领域的黑暗大陆》的文章。这篇文章被公认为首次明确提出物流领域的潜力,具有划时代的意义。文章认为"我们对物流的认识就像拿破仑现在对非洲大陆的认识。我们知道它确实存在,而且很大,但除此之外,我们便一无所知"。从此标志着企业物流管理(business logistics management,或简称logistics)领域的正式启动。

严格地说,当时德鲁克并没有用物流(logistics)这个词,而是用配送(distribution),它是指从产品生产出来到消费者手中这一段的物流,或者说是产成品物流领域。但是不久人们认识到原材料这一段的物流同样存在很大的经济潜力,并且产品物流与原材料物流可以综合起来管理,即出现了综合物流(integrated logistics)的概念。到20世纪90年代,又出现了供应链管理(supply chain management)的概念。企业的物流管理,要考虑上游原材料的供应商及下游的分销商到客户的协调与配合。

对物流价值的不断发现,不但使物流管理的范围不断扩大,企业把越来越多的功能纳入物流管理,而且,对物流潜力的认识也从节约成本的概念上升到了物流的战略重要性的高度。因此可以说物流的价值自从20世纪60年代以来,在不断地被发现与再发现。

1.1.2 物流的概念

物流这一术语在过去二十年里已经被普通大众所广泛认可。例如,电视广告称赞物流的重要性,运输公司也经常称他们的组织是物流公司,并将其喷涂在汽车车身侧面。帮助我们认识物流的另外一个因素是我们越来越关注服务质量。例如,20世纪90年代常出现的网上零售的失败被广泛认为是物流系统的失败。当我们想要购买的商品在店铺缺货时或我们没有得到预期的送货时,我们也会指责物流系统。

物流本身起源于军事,很早以前人们就已经认识到物流活动对国防的重要性。物流的军事定义包括所供应的物品和人员。据说"物流"早在18世纪的欧洲就成为军事术语的一部分。物流军官负责为部队安营扎寨、安排住宿和管理补给仓库。

物流概念在20世纪60年代以"实体配送"的说法开始出现于商业文献,主要指物流系统的出货方面。在20世纪70年代到80年代间,采用物流的企业或商业部门形成了进货物流(支持生产或经营的物料管理)和出货物流(支持销售的成品实体配送)。20世纪90年代,企业开始研究连接从供应商的供应商到用户的用户的所有组织的供应链的前后关系,供应链管理要求在所有组织形成的物流系统中建立合作的、协调的物资流和商品流。

本章采用美国物流协会对物流所做的定义:供应链中为满足顾客需求而对商品、服务及相关信息,从产地到消费地高效率、低成本的流动和储存进行的规划、执行和控制过程。

1.1.3 物流的价值增值作用

如图1-1所描述,经济效用的四个基本类型增加了产品或服务的价值。其基本类型包括形式、时间、空间和占有效用。通常,我们认为:生产活动提供形式效用,物流活动提供时间效用和空间效用,销售活动提供占有效用。下面我们简单分析一下每种效用。

图1-1 经济中产生的基本效用

1. 形式效用

形式效用指的是通过生产或加工过程增加产品的价值。例如，当原材料以某种方式组合成产成品时，形式效用就产生了。例如，灌装企业将果汁、水和碳水化合物组合在一起就生产出了饮料。将原材料组合在一起生产饮料这一简单过程描述了增加产品价值的产品形式变化。

在当今的经济环境下，一定的物流活动也能提供形式效用。例如，在物流配送中心，通过改变包装形态与发送批量等，可以产生形式效用。把托盘上的月饼分装至每个大小不同的盒子里，就产生了形式效用。下面即将给出的空间与时间效用是物流增加产品价值的主要方式。

2. 空间效用

物流通过将商品从生产地点移动到需求地点而提供空间效用。物流突破了市场的有形界限，从而增加了商品的经济价值。商品或服务增加的这种经济价值被称为空间效用。物流主要是通过运输产生空间效用。例如，通过铁路运输或公路运输将农民在田地里种的农作物从农场运往有需求的消费者市场就产生了空间效用。当把钢铁运往利用钢铁生产另外一种产品的工厂时，同样产生了空间效用。

空间效用带来的市场边界延伸加剧了竞争，这通常会导致降价和增加产品的可得性。在某些郊区，由于客观条件造成的不发达会使当地的市场缺乏竞争，例如，当地可能只有一到两家规模较大的酒店，菜的样式少，可选择性少，价格也不便宜。但是随着外来企业利用强大的物流能力，在当地发展越来越多的酒店和餐馆，使得当地的竞争变得激烈，这个时候，人们办大事订酒店的可选择性就明显增加了。各个酒店为了获得更多的市场份额，也会适当降低价格，并且积极地提供丰富的菜式和食物品种，从而使得当地的老百姓可以享受到充分竞争带来的好处。

3. 时间效用

不仅产品和服务必须在有消费者需求的市场可得，而且必须当消费者需要时才可得。物流通过适当的存货维护与产品和服务的战略设定产生了时间效用。例如，物流通过使广告中的产品在广告所承诺的时间内在零售店出售而产生时间效用。再如，情人节，是情侣们最需要玫瑰花的时候，那么这一天对玫瑰花的物流要求就很高。

在某种程度上，运输通过更加迅速地将某种货物运往需求地也会产生时间效用。例如，用空运取代铁路运输就会增加时间效用。

4. 占有效用

占有效用主要通过产品或服务促销方面的基本营销活动产生。我们可以将"促销"定义为通过直接和间接地接触消费者来增加其拥有商品或加强其得到服务的愿望的行为。物流在经济中的作用取决于占有效用的存在，因为时间或空间效用仅仅是在对产品或服务的需求存在时才有意义。同样营销也取决于物流，因为占有效用只有在提供了时间和空间效用时才起作用。

1.2 物流的基本职能

物流过程综合了运输、存货、管理、仓储、物料搬运系统及包装和其他相关活动，包括在整个供应链（从供应商开始，一直到客户）流动的成本与服务水平的权衡（trade-off）取舍。

物流包含效率(efficient)和效益(effective)两方面,物流管理的最终目的是满足客户的需求与企业的目标。

从物流的定义可知,物流管理包含一系列的活动,包括运输、仓储、包装、物料搬运、存货控制、订单处理、需求预测、生产计划、采购、客户服务、工厂和仓库选址、物品回收、零部件及服务保障、废品处理。企业也可能把上列的一些活动不完全包括在物流部门之下,如强调产成品物流的企业,可以不把采购包括在物流部门之内。总的来说,随着对物流的重视,物流管理所包含的范围也在不断增加。

1. 运输

运输(transportation)是物流系统中非常重要的一部分。物流中最重要的是货物的实体移动及移动货物的网络,网络是由提供运输服务的运输及代理公司组成的。物流经理负责选择运输方式来运输原材料及产成品,或建立企业自有的运输能力。

2. 存储

存储(warehousing and storage)与运输具有权衡关系。存储包括两个既独立又有联系的活动:存货管理与仓储。运输与存货水平及所需仓库数之间有着直接的关系。

许多重要的决策都与存储活动有关,包括仓库数目、存货量大小、仓库的选址、仓库的大小等。

3. 包装

与物流相关的第三个领域是包装(packaging),或称外包装。运输方式的选择将影响包装要求,包括产品的运输与原材料的运输。一般来说,铁路与水运因其货损的可能性大,而需支出额外的包装费用。在做运输选择时,物流管理人员要考虑运输方式的改变而引起的包装费用的变化。

4. 物料搬运

物流的第四个活动领域是物料搬运(material handling)。在制造企业,除物流部门外,其他部门如生产部,也有物料搬运活动。物料搬运对仓库作业效率的提高是很重要的。物流经理负责货物搬运入库、货物在仓库中的存放、货物从存放地点到订单分拣区域的移动和最终到达出货区(dock)准备运出仓库的全部过程。物料搬运一般是货物通过机械设备做短距移动,所用机械设备包括传送机、叉车、行吊和货物容器。生产经理可能会专门设计托盘与容器,但可能与物流的仓储活动不兼容。因此,物料搬运设计必须协调生产与物流两个部门,以保证各种设备协调一致。另外,企业会发现在工厂与仓库用同一叉车是经济实用的。

5. 装卸

装卸(loading and unloading)是指物品在指定地点以人力或机械装入运输设备或卸下,主要指物品以垂直方向为主的空间位移。

6. 流通加工

流通加工(distribution processing)是物品在从生产地到使用地的过程中,根据需要施加包装、分割、计量、分拣、刷标志、拴标签、组装等简单作业的总称。

7. 物流信息处理

物流信息处理(logistics information management)是指对于反映物流各种活动内容的知识、资料、图像、数据、文件等进行收集、整理、储存、加工、传输和服务的活动。

1.3 物流模式的选择

由于不同的企业具有不同的特点,企业在进行物流决策时,应根据自己的需要和资源条件,综合考虑以下各方面的影响因素,慎重选择物流模式,以提高企业的市场竞争力。

1.3.1 自营物流

自营物流是指企业自身经营物流业务,建设全资或控股物流子公司,完成企业物流配送业务。即企业自己建立一套物流体系。

1. 优点

自营物流的优点是可以掌握主动权、控制物流最新动向、盘活企业资产、避免商业秘密泄漏、降低交易成本、利于推进客户关系管理、提高企业的品牌价值、针对性强、适应性强。如果物流服务形成规模,企业还可以在物流发展中占据主动地位,甚至可以将物流服务业作为企业的核心竞争业务。

2. 缺点

自营物流的缺点是风险大、投资大、管理难度增加、资产利用率波动幅度大。如果企业内部物流的规模不大,不足以形成规模效应,则会造成资源闲置,成本增加。而且需要专业的物流管理人才入驻,对物流业务量的稳定性要求比较高。总之,企业在选择自主物流服务经营业务时一定要慎重,如果投资过大,管理不善,容易造成成本沉没,甚至引起经营风险;如果投资过小,则可能导致服务能力低下,降低流通效率,制约企业的发展。

这种物流模式一般适用于有一定物流资源的传统企业采用电子商务时。运行比较成功的企业有沃尔玛、海尔等。

1.3.2 第三方物流

物流外协第三方,即我们通常所说的第三方物流,是相对于第一方"发货人"和第二方"收货人"之外的第三方承担物流货运的一种物流模式。其特点是通过与发货方、收货方的合作,以专业的管理来为第一方和第二方服务,不参与商品的买卖,也不拥有产品,只是为顾客提供以结盟为基础、合同为约束的个性化、信息化、系列化的物流代理服务。内容包括电子数据交换(EDI)能力、报表管理、选择承运人、海关代理、货代人、设计物流系统、运费支付、谈判、咨询、信息管理、仓储等。

1. 优点

(1)可以让选择此种物流模式的企业集中精力于主要业务,将物流等辅助业务委托给别的公司,可以节约企业资源。

(2)物流公司在物流方面的技术相对比较先进,可以实现以信息换库存,降低成本的目的。

(3)企业可以降低固定资产的投入成本,加速企业资金的流转速度。

(4)物流公司可以提供多样的服务方式,为顾客创造更多的商业价值。

2. 缺点

(1)市场形成初期,对第三方物流模式的需求不足,所占市场比重较轻,因此第三方物流的兴起,很大程度上要依赖经济环境。

(2)物流公司服务缺少个性化,服务形式过于单一。虽然近来配送业务有所提高,但真正增值性服务却很少,且大多数物流公司市场定位雷同,造成了表面上的仓储能力、运力过剩。

(3)服务质量不高。这主要表现在物流企业技术装备、管理手段较落后,信息系统、服务网络不完善,效率低,货损高,作业错误率高等,说明物流企业缺乏经营意识,没有建立高服务、高效益的观念。

(4)经营分散,缺少规模效应。目前我国的物流企业中小规模的较多,横向联合较弱,组织化程度低,网点分散,不能充分发挥整体协同效应,这就导致在成本空间上发展的潜力不会很大。

1.3.3 物流联盟

物流联盟是指物流服务的当事人在物流服务方面选择少数稳定且有较多业务往来的物流公司,通过契约形成长期互利、优势互补、要素双向或多向流动、互相信任、共担风险、共享收益的物流伙伴关系,是战略联盟的一种具体形式。

其长期供应链关系发展成为联盟形式,有助于降低企业的风险。单个企业的力量是有限的,它对一个领域的探索失败了损失会很大,如果几个企业联合起来,在不同的领域分头行动,就会减少风险。而且联盟企业在行动上也有一定的协同性,因此对于突如其来的风险,能够共同分担,这样便减少了各个企业的风险,提高了抵抗风险的能力。

1. 优点

(1)企业(尤其是中小企业)通过物流服务提供商结成联盟,能有效地降低物流成本(通过联盟整合,可节约成本10%~25%),提高企业竞争能力。由于我国物流业存在着诸多不利因素,让这些企业进行联盟能够在物流设备、技术、信息、管理、资金等各方面互通有无,优势互补,减少重复劳动,降低成本,达到共同提高、逐步完善的目的,从而使物流业朝着专业化、集约化的方向发展,提高整个行业的竞争能力。

(2)物流联盟有助于物流合作伙伴之间在交易过程中减少相关交易成本。物流合作伙伴之间经常沟通与合作,互通信息,相互信任,减少履约风险;即使在服务过程中产生冲突,也可通过协商加以解决,从而避免无休止的讨价还价,甚至避免提出法律诉讼产生的费用。

2. 缺点

(1)降低企业主业专业化水平,冲击主业发展。

(2)破坏旧的客户关系。物流联盟的关系很难形成,但是却非常容易被破坏。其一般适用于物流内容相对单一、区域配送系统较完善、物流规模较稳定的企业。比如珠三角一些中小型企业,其产品就集中在生产区域,像顺德的电器、中山的灯具、东莞的电子和服装等。

1.4 物流的基础理论

自物流概念出现以来,围绕物流理论的研究越来越引起学者的兴趣。近几十年来,国内外关于物流理论的研究,归纳起来,主要有以下几类。

1.4.1 黑暗大陆理论和物流冰山理论

1. 黑暗大陆理论

著名的管理学家德鲁克说过:"流通是经济领域里的黑暗大陆。"因为流通领域中物流活动比较模糊,是流通领域很难认清的领域,所以"黑暗大陆"主要说的就是流通领域中的物流活动,它强调应高度重视流通以及流通过程中的物流管理。

黑暗大陆理论主要是指尚未认识、尚未了解、尚未开发的领域。按照黑暗大陆理论观点,如果理论研究和实践探索照亮了这块黑暗大陆,那么摆在人们面前的可能是一片不毛之地,也可能是一片宝藏之地。黑暗大陆理论指出在当时资本主义繁荣和发达的状况下,科学技术也好,经济发展也好,都没有止境;同时黑暗大陆理论也是对物流本身的正确评价和高度重视。

这个领域未知的东西还很多,理论和实践都还不成熟。物流领域的很多方面还是不清楚的,有待开发,这也是物流的未来发展方向。黑暗大陆理论从某种意义上说,是一种未来学的研究结论,属于战略分析的结论;同时,我们也应该注意到该理论对于之后的研究和探索也起到了积极的启迪和动员作用。

2. 物流冰山理论

日本早稻田大学教授西泽修提出了"物流冰山说"。他指出,现行的财务会计制度和会计核算方法都不能很好地掌握物流费用的实际情况,对物流费用的了解还是一片空白,并将这种现状形象地比喻为"物流冰山"。冰山有什么特点呢? 冰山的特点是大部分沉在水面之下,而露出水面的只是冰山的一角。也就是说物流的很大一部分还是我们不了解、看不到的,我们看到的只是物流的一部分。

我们可以看到西泽修教授通过对物流成本的具体分析论证了德鲁克的黑暗大陆理论,并对黑暗大陆理论加以丰富。实践同时也证明了物流行业作为一个年轻的行业,有很多方面还不曾被人们所了解,黑暗大陆理论中的黑暗大陆以及冰山理论中的水下部分都是物流领域尚待开发的部分,这同时也是物流行业的潜力所在,这无疑激起了人们对物流成本的关注,推动了企业物流的发展。

1.4.2 管理中心理论

管理中心理论是人们在实践过程中对现代物流系统在经济活动中起什么作用,为了达到什么目的的不同认识、不同观念,由此也派生出不同的管理方法,经过总结提炼之后形成了管理中心理论。管理中心理论根据人们的不同观念和看法具体又分为物流成本中心理论、利润中心理论、物流服务中心理论和物流战略中心理论。下面我们分别介绍各个理论的侧重点。

1. 物流成本中心理论

物流成本中心理论认为,物流在整个企业战略中,只对企业营销活动的成本产生影响,物流是企业成本的重要产生点,是降低成本的重要途径。因而要解决物流问题,重点不在于实现合理化和现代化,而主要是通过物流管理和物流的一系列活动来控制和降低成本。所以物流成本中心理论表明:物流既是成本的产生点,又是降低成本的主要关注点。物流是"降低成本的宝库"等说法正是对这种认识的形象描述。

但是物流成本中心理论过分强调了物流的成本这一方面,将物流的目标认定为只是在于减少物流成本,导致物流在企业发展战略中的主体地位没法得到认可,进而限制了物流本身的合理发展。

2. 利润中心理论

利润中心理论是指企业可以提供大量直接或者间接的利润,它是形成企业经营利润的主要活动。人们把物流资源的节约和劳动消耗的降低分别称为"第一利润源泉"和"第二利润源泉"。第一利润源泉是利用资源领域获得的利润,这里的资源领域开始是指廉价原材料、燃料的掠夺或获得,其后则是依靠科技进步、节约消耗、节约费用、综合利用、回收利用乃至大量人工合成资源而获取的高额利润;第二利润源泉是利用人力领域获得的利润,这里的人力领域开始是廉价劳动力,其后则是依靠科技进步提高劳动生产率,降低人力消耗或采用机械化、自动化来降低劳动耗用而降低成本,增加利润。

物流是国民经济的主要创利活动,物流企业存在潜在的利润空间,物流的这一作用,也被表述为第三利润源泉。第一利润源泉挖掘的是生产力中的劳动对象,第二利润源泉挖掘的是生产力中的劳动者,第三利润源泉既挖掘生产力要素中的劳动工具的潜力,同时又挖掘劳动对象和劳动者的潜力。由于受到科技和管理水平的限制,第一、第二利润源泉已近枯竭,有待于科技的重大突破。

3. 物流服务中心理论

物流服务中心理论代表了美国和欧洲一些学者对物流的认识,他们认为,物流活动的最大作用并不在于为企业节约成本或者增加利润,而在于提高对客户的服务水平,进而提高企业的竞争力。物流服务中心理论特别强调了物流的服务保障功能,借助于物流的服务保障作用,企业可以通过整体能力的加强来压缩成本、增加利润。

4. 物流战略中心理论

物流战略中心理论是当前非常流行的理论,学术界和企业界已经逐渐认识到物流更具有战略性。物流会影响到企业总体的生存与发展,是企业发展的战略,而不仅仅是一项具体的操作性任务。

现在的物流管理,企业不再是追求物流一时一事的效益,转而着眼于全局、着眼于长远,于是物流本身的战略性发展、战略性规划和战略性投资逐渐成为促进其发展的重要原因。

 研究案例

菜鸟网络的"互联网+物流"

作为"菜鸟联盟"的盟主,阿里的愿景是织一张大网,一张能支撑日均 300 亿元网络零售额的中国智能物流骨干网,有着最广泛的仓储覆盖面积、最智能的仓储转运系统以及最高效的快递配送服务。而从企业战略来看,阿里尽管拥有强大的数据信息系统,能够帮助

"三通一达"这样的企业在快递配送的车辆、人员、路线等方面进一步优化,但是难以使它们获得明显的超越以往的利润。而且这也需要建立在加盟制快递企业对自己的业务模式进行彻底的大改造的基础之上。因此在当前的菜鸟体系下,快递企业仍然会保有自己的商业计划及发展路线。

1. 借力银泰布局物流地产

要做成菜鸟网络,实现阿里中国智能物流骨干网的愿景,其中一个非常重要的字便是"快"。京东的"快"源于仓配一体化,直接仓库发货,省去了揽件、干路运输的步骤。因此菜鸟想要达到同样的速度,最终必然需要同样遍布全国的仓储网络。这就带来了仓储网络如何形成的问题。

首先,如果拉拢各方资源,让菜鸟联盟成员加盟,并借用盟友的仓储资源,最符合菜鸟"做网络,不做物流"的口号。但从之前"星辰急便"的失败和京东的成功中,阿里发现在物流运输行业,由于和实体操作的密切关联性,仅仅靠云端的数据服务器平台,远远不足以坚强到支撑住这个由钢筋、水泥、巨型货仓和卡车组成的行业。因此,即使在阿里的"大平台"思维下,对物流行业来说,遍布全国的仓库网络,才是等同于电商领域的淘宝、天猫平台,而且这些资源需要为菜鸟自己所掌控。

由于仓储网络的重要战略地位,加上这些已有的仓库难以按照天猫、淘宝货源的需求进行个性化设计。所以无论是盟友的加盟(如苏宁、富春物流等),或是向已有的仓储地产商租赁仓库(如普洛斯),对于菜鸟来说很可能只是暂时的选择。

在这个前提下,如何更快、更多地在全国范围拿到物流专用土地,是菜鸟建设的最基本问题,也是亟须考虑的问题。这是因为在中国,所有仓储网络是必须建设在专门的物流用土地之上的,而相比于房地产用地供应,政府出让的工矿仓储土地的比例正逐年持续下降。

这同时也是菜鸟引入银泰和复星作为大股东的用意所在,一个是零售百货地产界的大亨,同时其董事长沈国军也与马云私交甚厚,从银泰商业、云峰基金,到湖畔大学,沈国军都是马云和阿里的坚定同盟者。而复星同样也在地产界呼风唤雨、经验丰富。在物流地产配置方面有了这两位大佬的帮助,加上他们深厚的地产界及政治界资源,菜鸟如虎添翼,征战全国,四处举牌拿地。由于截至目前,菜鸟对外仍保持非常神秘的色彩,关于菜鸟具体的仓储面积仍是未知,但据网络媒体不完全统计,菜鸟已拿下2万亩物流用地,合面积1300多万平方米,奠定了全国仓储网络布局的基础。

2. 联姻苏宁布局线下门店

有了银泰和复星的协助,菜鸟四处圈地已有保障,然而从零开始建造自有仓库毕竟是一个漫长的过程。眼下京东凭着物流优势对家电市场步步蚕食,甚至包括其他垂直类电商也都凭自建物流对各自垂直领域展开市场的争夺,阿里必须立刻采取措施,急需一名强而有力的外援给予其仓储能力方面的支持。

而苏宁虽然是高调"拥抱互联网"的零售业巨头,并且握有布局全国的仓储物流百万雄兵和深入各个城市乡镇区域的线下站点,但是商品品类重合化使得苏宁在争夺电商市场的过程中难以超越京东。2015年,苏宁的在线销售额仅为502.75亿元,和京东的4465亿还存在很大差距。

从这一角度看,阿里与苏宁各自拥有优势,而这一优势正是对方需要弥补的短板。加上腾讯京东联盟结成的消息作为催化剂,双雄选择,取长补短,强强联手。2015年8月10日,阿里巴巴集团与苏宁云商集团股份有限公司宣布双方达成全面战略合作。根据协议，阿里巴巴集团将投资约283亿元人民币参与苏宁云商的非公开发行，占发行后总股本的19.99%，成为苏宁云商的第二大股东。与此同时，苏宁云商将以140亿元人民币认购不超过2780万股的阿里巴巴新发行股份。

此次交易中，苏宁得到阿里导入的线上巨量消费者资源。苏宁高调入驻天猫，强势助力其在线销售业务，同时苏宁最强大的家电通信产品也正好弥补了阿里品类分布的不足。另外，阿里不但实现了仓储物流设施面积上对京东的超越（苏宁约为450万平方米，京东约为400万平方米），更重要的是苏宁遍布全国的零售店都将可能作为阿里未来的线下入口。马云曾说过"互联网公司的机会未来30年一定在线下，而传统企业或线下企业的希望一定是在线上"，这句话目前看来，也正是这场并购合作最贴切的描述了。

3. 参股心怡，布局智能仓储

仓储物流网络在物流行业属于战略性的重要资源。既然确定了自建仓储的必要性，那谁来搭建并进行管理变成了摆在眼前的下一个问题。菜鸟网络选定的是一家由阿里大比例持股的专业智能仓配一体化解决方案提供商——心怡科技。

心怡科技2004年成立于广州，2012年正式进军电商物流，目前以电商仓储物流服务和电商仓储计算机技术服务为核心，已成为能够提供国内顶级的全方位供应链系统方案和供应链系统管理服务的综合电商企业。其业务合作伙伴不仅有阿里巴巴，还包括中石油、安利、雅芳、完美、达芙妮、李宁等大品牌企业。

2014年，阿里巴巴集团正式入股心怡科技，成为企业的第二大股东。随即两家公司展开合作，目前心怡科技主要负责为菜鸟网络研发仓库管理系统（warehouse management system），又名仓易宝系统，负责仓库库存管理、分拣、装货等一套完备的仓储解决办法。另外，又为天猫的网上超市"天猫超商"相继建立了华北、华南、华中的天猫仓储基地，为天猫超市提供仓储管理保障。

阿里选中心怡科技，并让其负责天猫超市开仓的核心管理，主要还是看中其在智能化仓储管理建设方面的能力。由于超市仓储管理是对仓储整体管理水平的极大考验，在动辄过万种商品、每天数万订单量的仓储基地，货品从上架、拣选、补货、盘点到移库，每一步操作都需要经过精密推算。随着物联网技术的不断进步，仓储管理已成为具有科技含量的领域。在心怡科技物流的仓储基地，自动化设施、智能眼镜、谷歌手表、智能机器人等高科技"装备"的掌握者——基层一线工作人员，超过50%具有大专以上学历。

未来的物流行业，由于土地资源有限，最终的比拼必将落实到单位面积仓储对于巨量SKU（stock keeping unit，在物流中用于描述最小存货单位的个数）的消化能力，以及与上下游、供应链和信息系统的整合能力。只有前后端一体化的智能物流，才能将仓储、运输、配送、商品、订单、人这一整环串在一起，从而盘活整个物流配送链。我们认为，菜鸟真正起飞的未来，心怡科技将扮演着更为重要的角色。

思考题

1. 讨论物流在经济中如何增加商品价值。
2. 物流有哪些基本的职能,这些职能之间是相互衔接的吗?怎么才能保证物流的效益和效率最大化?
3. 物流有哪几种模式可以选择?各有什么优缺点?

第 2 章 供应链管理概述

本章要点

知识要点	掌握程度
供应链的概念	掌握
供应链管理的诞生	了解
供应链管理的概念	重点掌握
供应链管理的关键因素	了解

导入案例

肯德基（KFC）是美国跨国连锁餐厅，同时也是世界第二大速食及最大炸鸡连锁企业，现隶属于百胜餐饮集团，与百事可乐结成了战略联盟，截至 2012 年底全球共有约 18000 家门店，2017 年底在中国的门店数有 5300 多家。2005 年 3 月 20 日，肯德基共五种产品被检测出含有"苏丹红一号"，肯德基的供应商广东中山市 A 食品公司称，含有"苏丹红一号"的辣椒粉由宏芳香料 B 有限公司提供。宏芳香料 B 有限公司承认原料确实检测出含有苏丹红，但声称自己在生产过程中绝对没有添加任何添加物。随后的 4 天里，肯德基损失 2600 万元。

2.1 供应链的概念

一条供应链始于原材料供应商，止于最终用户，是由原材料供应商、制造商、仓库、外部供应商、运输公司、配送中心、分销商、零售商、顾客组成的链状结构或网络。实际上，企业的经营不是孤立的，当企业从供应商那里采购原材料时，它便是一个消费者。当它配送产品给客户时，其地位就变成了供应商。例如：某批发商从制造商那里采购商品时，它是一个消费者；当它给零售商送货时，它就是一个供货商。部件制造商负责原材料采购、生产、制成部件，然后再将产品卖给另一个制造厂。大多数产品的形成都是经过一系列企业间的接送，才从最开始的原料变成最终消费者手中的产品。例如：牛奶的移动过程包括农场、储奶大罐、加工厂、罐瓶厂、批发商，最后到超市提供给消费者；牙刷的旅程从鬃毛的去油开始，然后进入流水线，再到精磨厂、化学厂、塑料厂、装配厂、批发商、零售商，最后才到达消费者家中；一张纸同样也经过很多企业的合作，才能最终呈现在消费者的面前，如图 2-1 所示。

人们为这些活动的链条起了各种不同的名字。当我们强调生产过程时，可称之为流程；当我们强调市场时，可称之为物流渠道；当我们关注价值增长时，可称之为价值链；当我们关注消费需求的满意度时，又可称之为需求链。由于"供应链"这一术语已被人们广泛接受，因此本

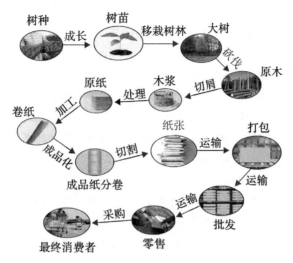

图 2-1 纸张的供应链

书把这一系列活动称为供应链。

供应链包含了一系列企业活动,它从最初供应商把原材料送出,一直延伸到送给消费者的最终产品。

每个产品都有其独特的供应链,有的供应链很短,如厨师直接从农场购买土豆;有的供应链可以很长而且十分复杂,如雀巢咖啡的供应链是从农场中生长的咖啡豆开始,一直延伸到咖啡店顾客杯中的饮料。供应链描述了原材料起点到终点的全部旅程。沿着这一过程原料从原材料供应商开始到制造商成品管理、物流中心、仓库、第三方服务商、运输公司、仓库、零售商,以及参与整个流程的其他单位。有时供应链也会逆向运动,如从最终消费者开始回收或原材料的再利用等。

最简单的供应链是单一产品在一系列企业中的转移,其中每个企业都产生一次增值。对这条链中的每个企业来说,它前边都有供应原材料的活动,我们称之为上游,而其后的产品递出则称之为下游。上游活动可由一系列供应商组成。把原料直接送到企业的供应商是第一层供应商,给第一层供应商供货的是第二层供应商,给第二层供应商供货的是第三层供应商。依次类推,一直到最初的供应商。客户也可同理分为若干层,本企业直接送货的客户称为第一层客户,从第一层客户得到产品的称为第二层客户,然后是第三层客户,并一直延伸下去。供应链活动如图 2-2 所示。

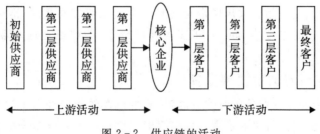

图 2-2 供应链的活动

每种产品都有自己的供应链,有时许多供应链会汇集到一起。例如,在用户购买计算机的时候,许多供应链也合并成了一条,如英特尔的主板、苹果公司的光驱、惠普的打印机和微软的系统程序等。供应链也可以分开以满足不同客户的需求。例如,汽车零部件的制造商既把它的产品卖给汽车整装厂,也卖给汽车零件批发商,还可以卖给零售商,甚至通过网络直接销售给用户。这样一个相同产业的供应链被分解成多条线路。

正如大家所了解的,供应链通过聚合或分解正在变得日益复杂。每个企业都可能处理数以千计的不同产品,而每种产品都有各自的供应链。法国的家乐福是欧洲最大的零售企业,它是数万条供应链的终点;武汉钢铁公司也采购数不清的物资为生产提供服务。

现在我们初步地了解了一下供应链,下面我们可以继续来看看什么是供应链管理以及企业为何要实施供应链管理的战略。

自从供应链管理的概念出现以来,人们从不同的角度对供应链管理有不同的认识和结论,本章后面一部分将通过分析竞争环境和企业行为的变化,研究供应链管理产生的必然逻辑,进而界定供应链管理与相关领域的关系,揭示供应链管理的定义和基本原理。

2.2 供应链管理的诞生

供应链管理是企业随着竞争环境的变化不断调整自身行为的必然结果。目前,企业竞争环境已经发生了深刻的变化,最突出的就是从工业社会进入了信息社会,在这个跨时代的变革中有四个特点值得我们关注:一是从以物质资源为核心走向以信息资源为核心;二是从以机械技术为核心工具走向以信息技术为核心工具;三是从线性结构走向网络结构;四是从民族国家走向国际社会。

为了适应竞争环境的变化,企业行为也发生了显著的变革。企业行为的变革最典型的特征就是从制造主导转向销售主导,最典型的代表就是工业时代的美国汽车制造商福特(Ford)公司和信息时代的美国电脑制造商戴尔(Dell)公司。这种变革具体包括以下六个方面的内容。

1. 从大规模标准化走向大规模定制化

大规模标准化的代表型企业是福特公司。福特公司提出了流水线制造管理理念,认为现代工业的核心就是大规模的标准化制造,创造了最早的供应链的模式。

大规模定制化的代表型企业则是电脑制造商戴尔公司。戴尔公司曾经是全球最大电脑公司,完全以销售来支持。因为电脑的销售必须满足不同消费者的个性化需求,所以戴尔公司实际上是将大规模生产与个性化兼顾,用标准化零部件实现规模经济,零部件再按多种方式进行组合,形成个性化的最终产品。大规模定制化要求企业能够准确掌握、迅速满足客户的需求,从而要求其提供产品的整个内部环节和整个外部链条,能够迅速地获取、响应最终客户的需求。

2. 从价格制定者走向价格接受者

工业时代是一个非充分竞争的时代,福特公司的汽车销售曾经占了汽车市场90%以上的市场份额,所以福特公司是价格制定者。而信息时代则是一个完全充分竞争的时代,在这个趋于完全市场化的时代,企业一定是价格的接受者,典型的代表如戴尔公司。价格接受者的角色要求企业必须以降低成本、增加附加值作为主要的竞争手段。

3. 从利润趋近于零走向从低成本中获得利润

20世纪30年代末期,福特公司差点破产,20世纪80年代又面临第二次破产,其根本原因在于制造领域企业所获得的利润趋近于零了。而戴尔公司是非常典型的从低成本中获得利润的例子,它没有制造,但仍然成为世界上最成功的企业之一,因为它从不断降低成本中获得利润。从低成本中获得利润要求企业不仅要挖掘内部潜力,而且要充分挖掘外部潜力以扩大成本降低的空间。

4. 从终端信息的拥有者走向终端信息的传播者

工业时代福特公司认为自己没有必要去和它的供应商分享终端信息,然而这种对于终端信息的独占,使福特公司成为一个孤独的领导者,终于导致了危机,几乎导致它的第一次破产。戴尔公司则不同,在它的平台上面,终端客户的一个订单,可以实时传递给它的每一个供应商,因为它希望在整个供应链上能够同步地对终端信息做出快速的反应,因此戴尔公司实质上是一个终端信息的传播者,它和它的供应商们实时地分享终端信息。通过终端信息传播,企业能够有效地扩展组织范围,提升整个供应链的协同效率,进而迅速满足最终客户需求,降低成本。

5. 从合约的稳定性走向合约的可变性

在福特公司所处的工业时代,采购管理和销售管理的合约是非常稳定的,销售的区域和经销商也是非常稳定的。然而今天情况则发生了深刻变化,戴尔公司说:面向一个国际化的供应市场,才有了所谓的供应链的管理,才有了所谓的对经销商的选择和供应链的优化,基于这样一个国际化竞争充分发展的市场,合约是高度可变的。

6. 从市场区域的封闭性走向市场区域的开放性

福特公司所处的工业时代是一个相对封闭的区域市场时代,而目前企业面临的则是一个高度国际化的市场。在这个开放性的市场上,企业需要处理形形色色的供应形势、销售形势、客户形势和生产形势,才有了真正意义上的供应链管理,才需要通过供应链管理实现供应链的优化。

可以说,企业竞争环境的变化要求企业调整自己的行为,企业行为的变化导致了对外部资源的整合需求,导致了对供应链管理产生的必然性,它是基于整个市场、整个企业行为而必然导致的企业新革命。企业行为的变化和企业竞争环境的变化都在导向一个目标,就是供应链管理。

2.3 供应链管理的概念

供应链管理是在物流管理基础上发展起来的新的研究领域和管理理论。供应链(supply chain,SC)的概念是在20世纪80年代末提出的,所以供应链管理是一种非常新的管理模式。在讲供应链管理之前,通过一些案例及对案例的点评,我们体验一下供应链及供应链管理,再通过以后的理论学习加以深刻理解。

例如:物流与供应链管理精品课程建设,其过程包括申报材料、网络课件、老师录课等,可以由一个人来单独完成,但效果不会很理想,因为一个人不可能具有多方面的优势,所以采用多人分工合作的方式来完成最好,每个人从事自己的擅长工作,这样强强联合,会取得最好的效果。这个例子可以应用到企业生产中去。过去传统的企业生产模式:从采购原材料到生产、销售的整个过程，由一个企业来完成，即所谓的"纵向一体化"，但随着产品生产技术复杂性的上升，生产成本会不断增加，企业利润会受到很大的影响。而现在一些著名的企业，如耐克却是非纵向一体化的，即称之为横向一体化，它仅独自完成纵向链条中的少数任务，大多数任务通过其他企业来完成。耐克虽然是全球著名的体育运动品牌，但该公司却没有自己的工厂。公司将主要的财力、物力和人力投入到产品的设计和销售上，产品生产由其他企业生产。它先后与马来西亚、英国和中国等公司进行合作，都取得了巨大成功，从1985年到1992年，利润增长了24倍。这就是供应链管理的思想：不需要企业处处都强过他人，想处处都具优势的结果是丧失优势。因此，企业需要一种有别于他人的核心优势，然后联合那些在某一方面具有优势的企业，构成具有整体优势的企业联盟。这样就形成了一条供应链。

在这条供应链上每个企业只从事自己擅长的工作，供应商的供应商只负责原材料的供应，如铁矿、石油、木材等，然后将这些东西卖给供应商（即中间产品制作商），它们根据核心企业（即最终产品制造商）的采购订单，将基础原材料变成可直接使用的物料，再把这些物料卖给核心企业（即最终产品制造商，如海尔、长虹）完成成品组装，再将成品卖给客户（即分销商），分销商再根据订单将这些产品卖给零售商，零售商接下来将这些产品卖给我们——最终消费者。这样每个企业都发挥各自的核心能力，实现了优势互补，提高了整体竞争力。正所谓，"21世纪企业之间的竞争，已不再是单个企业间的竞争，而是供应链与供应链之间的竞争"是近几年来企业管理界耳熟能详的一句话。

在这条供应链上相邻节点的企业是一种什么关系？相邻节点的企业表现出一种需求与供应的关系，当把所有具有供求关系的相邻企业依次连接起来，就称之供应链。中华人民共和国国家标准《物流术语》(GB/T 18354—2006)对供应链的定义为："生产和流通过程中，涉及将产品或服务提供给最终用户活动的上游与下游企业所形成的网链结构。"

什么是供应链管理？简单地说就是：为了使加盟供应链的企业都能受益，并且要使每个企业都有比竞争对手更强的竞争实力，就必须加强对供应链的构成及运作研究，由此形成了供应链管理(supply chain management，SCM)这一新的经营与运作模式。供应链管理的关键就在于供应链各节点企业之间的联接和合作，链上的节点企业必须达到同步、协调运行，才有可能使链上的所有企业都能受益。

2.3.1 供应链管理概念的形成

供应链管理可以追溯到20世纪80年代，确切地讲，直到20世纪90年代，供应链管理这一术语才引起许多企业高级管理层的注意。他们认识到供应链的方法能够增强企业在国际上的竞争力，提高市场占有率，从而改善股东权益。

供应链管理不是一个全新的概念，回顾其发展历史，供应链经历了三个阶段：实体配送阶段、物流管理阶段和供应链管理阶段。

实体配送一词来自于英文"physical distribution"，最早见于1920年左右，1950—1960年间得到了广泛应用。1948年美国市场营销协会曾将配送定义为：物料从产地到消费地的搬运及移动。此阶段的重要任务是，公司要将成品的运输配送和客户服务结合起来考虑，以便用尽量低的成本将产品运至顾客手中，同时又不降低顾客的期望水平。这实际是在成本与服务水平之间的综合平衡。为什么供应链管理首先会从配送阶段发展起来？归纳起来，主要有两种原因：首先，在一个典型的公司中，全部库存的30%处于采购阶段，30%处于生产阶段，40%

处于配送阶段。产成品是库存中所占份额最大的一份。其次,是由于产成品最接近用户,成品配送工作的好坏直接影响顾客的满意与否。相对其他功能来讲,这是一种低风险、高回报的措施。然而,仅仅做好以上工作还不是尽善尽美,由于只加强了40%的产成品库存的管理,其他环节如在制品或采购原材料的管理的弱化,会冲减配送工作改进所带来的利润。

20世纪80年代,物流或整合物流管理概念开始被越来越多的企业运用。物流管理阶段的管理范围已经从产成品的配送扩展到采购和生产阶段,最简单的物流构成就是实体配送的出货物流加上进货物流(见图2-3),这是一种十分合理的加法形式,使企业其余60%的库存也得到了较科学的管理。这种管理上的变化反映了企业对内部价值链的重视,使企业消除了材料在内部流动过程中在不同阶段之间存在的储备和滞留。出货物流与进货物流是价值链重要的基本组成部分,它们可以为企业客户提供价值。其他有关销售、生产方面与物流的整合也是价值链的重要方面。

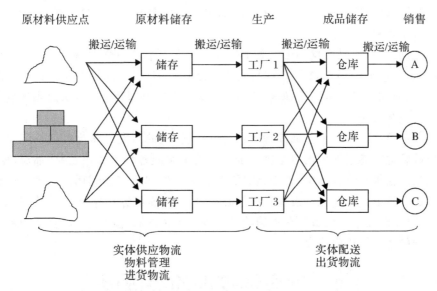

图 2-3 企业物流构成

供应链管理从20世纪90年代开始流行,并成为企业在全球市场更具竞争力的关键。供应链管理阶段的内容已经从企业内部延伸到企业外部,企业开始注重外部关系的研究,这包括分销商、顾客、供应商以及第三方的关系。企业的外部关系并非像"供应商—生产—顾客"这样简单的一维线性关系,而是多维相互交叉在一起的复杂立体关系,并且这种关系对企业在市场中的表现影响越来越重要。供应链管理被认为是通过各种中介公司有效地将供应商的产品流或物资流、服务流、信息流、资金流输送到用户的渠道,或是连接卖方和最终用户的物流网络系统。供应链管理概念是物流概念在逻辑上的延伸。

2.3.2 对供应链管理的理解

要深入理解供应链管理,还必须深入理解与供应链管理相关的一些概念,这样才能得出科学的供应链管理的定义。

(1)物流管理。现在在业界有一个错误的概念,认为物流就是供应链,实际上供应链管理是一个远比物流要大的概念,供应链管理侧重于物流信息与其他信息的集成处理。

（2）客户关系管理。面向客户的业务和知识管理，部分集成到供应链系统中是一个必然趋势。客户关系管理是把客户，尤其是潜在客户和现有客户作为管理的中心，将企业的运营围绕客户来进行，无论是市场、销售或售后服务，只要是和客户打交道的环节，都能够知道客户的最新信息，得到关于客户的完整而统一的交往记录，它的独立应用更偏重于银行、电信等终端服务型企业。供应链管理则是管理分销商的分销商、分销商的客户、客户的客户，直到终端客户，而且更多的是基于消费类产品。所以供应链管理中的客户关系管理并不等同于独立的客户关系管理，它是把独立客户关系管理中的某些思想和技术放到供应链管理中。

（3）企业资源计划（enterprise resource planning，ERP）。ERP着重的是企业内部的流程优化，而供应链的着眼点是与企业发生关系的上游或下游的伙伴，商品在一家企业传递到另一家企业的时候，如何实现"链条上的增值"，这是ERP和供应链管理的最大区别。中国台湾的一项专题研究表明，超过70%的ERP用户将供应链管理列为他们下一步要做的第一件事情。目前ERP向供应链管理扩展是一个趋势，但ERP向供应链管理的扩展侧重于执行，而供应链管理本身侧重于预测和计划。

通过以上的比较和分析，我们可以对供应链管理下一个较为全面、科学的定义：供应链管理（supply chain management，SCM）就是基于最终客户需求，在从原材料到最终产品的整个过程中，对产品流、服务流、信息流、资金流进行计划、组织、协调和控制，从而实现供应链整体效率最优化的一套方法。

这个定义主要从以下三个方面来理解：①供应链管理的出发点是高度关注客户的实际需求。②供应链管理的直接处理内容是供应链上相关企业的各种资源，包括产品流、服务流、信息流和资金流。在供应链管理中，核心是对资源的优化处理与充分利用。③供应链管理的实质是使供应链上各节点企业充分发挥各自核心竞争力，形成优势互补，从而最有效地实现最终客户价值，即将正确的产品或服务在正确的时间按照正确的状态与包装以合适的数量及成本费用送到正确的客户的正确地点。

2.4　供应链管理的关键因素

从前面提出的供应链管理的定义以及所分析的供应链的基本原理，我们可以看出，要成功实施供应链管理会涉及很多至关重要的因素，这些因素也是我们即将要讨论的供应链管理的特征，包括库存、成本、信息、客户服务和合作关系。

2.4.1　库存

库存水平的管理是供应链管理的重点，也是评价供应链管理成功与否的主要绩效标准之一。库存是指以支持生产、维护、操作和客户服务为目的而存储的各种物料。而库存管理就是与库存物料计划与控制相关的所有业务。库存管理的主要内容就是对仓库中的物料进行收、发、存的管理。库存管理不仅应该确保信息准确、满足客户和市场的需求，还有一项重要任务是控制库存量，加速库存周转，降低库存资金占用，从而降低库存成本。

有效库存管理的另外一个重要特征是需求拉动库存。许多公司如戴尔已经成功地运用了拉式系统并对其存货周转率产生了显著影响。事实上，用户通过电话、传真或因特网订购而产生了个人电脑的订单，戴尔公司是在接到订单后才进行组装或生产的。戴尔公司通常能够在

48 小时或更短的时间内生产出定制的电脑,并运送到顾客那里。这种战略对产成品的库存有显著影响。

然而,不可能所有的企业都在接到订单后才生产产品(即接单生产),如消费食品公司。举一个很简单的例子,啤酒公司不会在顾客提出要喝啤酒的时候再去生产啤酒,因为啤酒的生产尤其是发酵是需要很长时间的。试想,在餐厅兴致正佳的顾客怎会有耐心等到半个月甚至一个月以后再喝呢?但是采用其他一些相应的战略也能够达到同样的目标。

2.4.2 成本

高效率和低成本是供应链管理的重要目标。而且重点在于供应链末端的成本,即供应链末端的总成本,有时称为到货成本。而往往在企业试图使成本最优化的同时,可能会对它们的供应商或顾客产生负面影响。例如,有时企业为了控制到货成本会通过降低运输成本来实现,比如将航空运输改成铁路运输,这就会使得运输时间增加,以至于不能及时地满足顾客的需求。在当今的环境下,全球供应链之间展开了竞争,企业不得不运用信息共享等方法来进行供应链活动以实现低成本目标。

2.4.3 信息

信息流的管理对供应链的效益与效率都是一个关键因素。如同前面提到的,要真正实现供应链管理潜能最大化,信息流必须是一个双向流。其主要特征是与需求相关的信息在整个供应链中的共享。如果实现信息共享,就可以实时获取信息,而且,如果信息同时是高度完整和准确的,就可以大大减少不确定性,从而降低存货。

尽管实时信息的共享对成功的供应链管理具有重要意义,仍然有一些企业不愿分享信息,这通常是由于担心企业失去竞争优势。例如,如果将需求信息或生产信息告知预期的竞争者,企业或许就会失去销售份额。虽然共享信息有一些缺点,但其优点远远超过了缺点。

例如,信息共享是沃尔玛与其供应商 Warner-Lamber 在医药保健品的预测及补货上进行合作的基础。诸如沃尔玛之类的零售商,通过与顾客的相互沟通以及拥有的 POS 数据,往往在地方消费参数选择上信息很充分。医药品公司则了解它们自己所生产的药品的特性,并能够利用外部数据,如天气预报,来帮助设计需求模式。双方提供它们各自的信息并密切合作,来决定适当的补货计划等。

2.4.4 客户服务

由于信息技术对企业经营方式在效率和效益方面的影响,20 世纪 90 年代被称为信息时代。有人又提出 20 世纪 90 年代是客户服务的时代。事实上,这两种描述都有正确的方面,但是我们必须承认,信息与服务之间应当有一种协同作用。及时、高质量的信息使得改善客户服务成为可能,而且信息技术所带来的成本降低也意味着对顾客带来更低的价格。

客户服务对成功的供应链是一个十分重要的属性。归根到底,今天全球供应链的成功是它们在价格与提供的有关服务方面为最终顾客追加的价值。

从供应链和物流角度看,客户服务有三个公认的层次。最低层是可靠、准时配送和准确完成订单。在今天的环境下,这种服务是维护客户必要的,但是为了增加客户销售份额,特别是一些大客户,有必要考虑他们的特殊需求。例如第二层次可以包括定期配送、特制托盘包装等。为了保持和增加市场份额,第三层次也是最高层次的客户服务要求,即为重要客户增加价值。增加价值的服务可能包括供应商管理库存系统、协同计划等。

企业应当对现有客户和潜在客户的重要性进行评价,对重要者优先提供两个最高层次的客户服务。许多企业发现,它们的一小部分客户占据了整个销售额的重要份额。提供 A 类客户要求优先型的服务,这也是一个有效的供应链伙伴应当能够做到的。

2.4.5 关系

供应链伙伴之间的合作是供应链成功和实现联合的最终目标的另外一个重要的因素,即将整个供应链作为一个单独的组织来经营。如合作和联盟这样的概念已经成为物流和供应链管理词汇里的一部分,这表明更多建立在对抗基础上的传统企业关系正在发生改变。

企业之间只要有交易的存在,就必然存在着关系的协同,而传统的企业之间的关系是买—卖的博弈关系,企业之间缺乏沟通与合作,交易成本非常高。信任是合作的基础,通过关系协同,结成伙伴关系的企业会在信任的基础之上,形成彼此都认同遵守的行为规范和惯例,彼此之间容易建立密切的合作关系。长期合作意味着重复博弈,一次买—卖关系的短期博弈会造成某些企业为了追求短期收益而发生短视行为,而重复博弈则有效避免了这一合作风险,降低了企业之间讨价还价所带来的交易成本。

另外,关系协同带来信息共享,从而节约交易费用。特别是信息技术的快速发展,使得信息在供应链成员企业之间的传递更加及时可靠,信息交流的成本大大降低。关系协同能够在一定程度上克服信息不完全所带来的交易困难并降低对信息的搜寻成本。

协同在某种程度上是以上几个关键因素的一种共性。但是,供应链关系比信息共享和降低供应链总成本更需要协同。核心企业的生产行为要与上游供应商的供应行为协同,与下游的经销商的销售行为进行协同等,只有不同企业按照统一的业务标准,规范业务行为,建立密切合作的协同伙伴关系,重新配置整个价值链上的资源,才能真正提高企业竞争力。

 研究案例

盒马鲜生的供应链管理

盒马鲜生隶属于阿里巴巴集团,采用"线上电商+线下门店"的经营模式,并集"生鲜超市+餐饮体验+线上业务仓储"三大功能为一体,这种新的生鲜零售经营模式,正在以它自身的特点,影响并改变着传统生鲜业、零售业。

物流成本高、损耗率高的问题一直困扰着传统生鲜企业。相对于传统生鲜企业,盒马鲜生具有以下几点优势:对于消费群体的定位更精准,其消费群体多为电商消费的主力军,特别是追求新鲜事物的年轻人,提供符合其需求的快消品;配送时间短、效率高,更为快捷便利,30分钟内5千米范围内把生鲜送到家;新式的消费体验和高效的配送服务博得顾客喜爱,在盒马就可以满足顾客的大部分生活需求。

盒马鲜生具有上述如此多的优势,不仅仅是由于阿里巴巴集团在其背后给予大量的技术、资金的支持,新的供应链模式也起到了一定的作用。消费者消费习惯和内容的不断变化,对当下零售业的供应链建设提出新要求,而盒马鲜生的供应链一定程度上对传统零售业的供应链产生了冲击,且满足了顾客对于新供应链的部分要求。

1. 盒马鲜生供应链管理亮点

(1)精致而柔性化的供应商管理模式。盒马鲜生从"货—场—人"到"人—货—场",都实现全时、全渠道、数字化运营,打造出了精致而柔性化的供应链,特别是体现在与供应商的沟通上面。以日日鲜蔬菜供应商为例,每包日日鲜绿叶菜和猪肉的量一般刚好可以满足炒一盘菜的需求,每包的价格在2~5元,当天卖不完的就会当天处理掉。盒马鲜生会根据售卖数据和其他因素来确定下一日的销售计划,并在当日下午四点将计划发送给供应商,这类供应商大多数是合作农场基地。供应商按照计划进行配货、包装,根据需要利用冷藏车送到盒马鲜生门店。如果当天的"日日鲜"商品有余留,就会被送到餐饮区内制成餐饮进行售卖。这样既满足了消费者厌倦于挑拣的标准化商品,又避免了食材的浪费。

另外值得一提的是盒马鲜生的补货系统。盒马鲜生的店内不管是线上还是线下的订单,负责拣货的工作人员都从货架上拿货,不安排额外的仓储区域,货架上剩下的商品就是全部的库存,当商品数量少于一定比例的时候,系统会自动通知供应商补货,特别是周末的时候,可能一天要补好几次货。信息传递的准时性、及时性可以帮助供应商很好地提供补货活动,降低缺货现象发生的概率。另外,高效率的供应过程,使得盒马鲜生不需要拥有过多的库存,减少了仓储费用。

在盒马鲜生团队精细考虑之下,盒马鲜生的生鲜供应链精致而柔性化。将消费者的购买行为数据集纳起来,这一信息化的供应链不仅实现了精准和节约,同时给供应商和消费者两端带来实在的利益。同时高效率的补货系统使得盒马鲜生减免了仓储费用,也给供应双方带来了效益。

(2)全自动的物流模式。盒马鲜生所提供的高效、便捷的物流服务依赖于全自动的物流模式。电子标签、自动化合流区等新技术的运用,帮助盒马鲜生克服了全渠道信息获取及店内分拣难题。盒马鲜生在门店后台设立合流区,大约300平方米,而前台则是运用自动化传输系统。物流带设置在店内上方,商品从前台到后台都是通过物流带传送的。按照店内商品类别进行了区域划分,每个区域都安排了拎着盒马购物袋的几位工作人员,他们拿着POS枪,各自完成各自负责区域商品的拣货。线上的订单一个会被拆分为多个,发送到工作人员的手持终端上。同时拣货所需的购物袋颜色根据商品的特性有所不同,依据不同的温度、保存条件,分成灰色、绿色、紫色和蓝色。订单拆分进行拣货、利用传送带在门店内部进行传输,这些都在一定程度上将打包时间进行了压缩。盒马鲜生线上下单配送时间为早上七点到晚上九点。订单保证在半个小时内送达,因此,顾客可以在下班途中下单,一回到家就可以收到新鲜的蔬菜水果和海鲜鱼肉,无须自己再去超市选购,只要稍微加工,即可食用,方便快捷,适合城市快节奏。

(3)线上线下融合的销售模式。线上线下完全融合模式具有以下几点优势:

①将零售业和餐饮业相结合。零售业和餐饮业二者的需求量都很高,但零售业的利润率较低,餐饮行业利润率高。通过二者的结合,对商品价格和利润率进行了平衡,将临过期且品质较好的生鲜产品烹饪销售,减少了商品的损耗,同时也引起消费者的好奇心理。

②利用实体门店增加产品质量可信度。线下实体门店的环境、卫生、产品质量给人的感受更加直观,顾客在光顾过实体门店后,与同类型的生鲜电商进行比较选择时,盒马鲜生更容易受到青睐,人们对它的产品更放心。这样利用线下实体店铺来推动线上业务的开展,增大了线上的业务量。

③盒马鲜生线上订单都是直接从实体门店发货的,不需要另外设置仓库,仓储成本低,而

且盒马鲜生的实体门店大都位于人流密集的大型购物广场中,位于市中心,对于生鲜超市来说,很难找到比购物广场更低的租金了。

④利用支付宝支付,把握消费数据。无论是线上 App 下单还是线下实体店购买,都需要利用支付宝付款,尽管为了照顾各个年龄段的消费者,有些门店开通了现金代付的业务,但是线上支付仍只依靠支付宝。顾客利用支付宝结账后,顾客的每一项购买行为都可以被记录,其消费偏好、交易行为等可以形成大数据,供给盒马鲜生分析。

通过上面介绍的盒马鲜生供应链的一系列特点,可以看出其高效、便捷、低成本。据报道,盒马鲜生的第一家门店已于 2017 年 6 月开始盈利,而且其扩张速度很快。盒马鲜生的供应链也给传统零售业带来了一些启发。

2. 对传统零售企业供应链管理的启示

盒马鲜生作为新零售的领军者,无论是从销售方式、用餐方式还是推广方式等,都对传统零售和生鲜电商产生着冲击,同时也在不断地迫使传统零售和生鲜电商进步。盒马鲜生的供应链也给传统零售业带来了如下几点启发。

(1)加强供应商管理。对于传统零售业而言,企业和供应商之间的联系不够紧密,往往造成对于消费者的需求不能及时满足。通过加强供应商管理,可以帮助企业做好库存控制并降低损耗。同时,高效的供应链体系可以帮助企业增强竞争力。

(2)加强电子信息数据利用。现代社会离不开数据分析,对于数据的分析利用变得至关重要。盒马鲜生采用支付宝付款的方式,其目的不仅仅是在于对产品的推广,也是帮助企业收集消费者的消费行为信息的一种手段。

(3)开展多渠道销售模式。随着快递企业的快速发展,网络购物的人数不断增加。新零售采用的"线上电商+线下门店"的经营模式,吸引了很多消费者。如果传统零售企业仍坚持实体门店这一个销售渠道,必然将面临越来越大的冲击。只有多渠道发展,"线上+线下"一起发力,企业和供应商形成良好合作伙伴关系,打造共赢供应链,才能取得竞争优势。

 思考题

1. 供应链专家指出,供应链管理包括三种重要的流。这三种流是什么?为什么它们对有效的供应链管理具有重要意义?试讨论这三种流的方向。

2. 供应链被描述为"延伸的企业"。这种描述意味着什么?这种描述说明了什么样的特殊挑战?

3. 成功的供应链管理要管理存货和信息流。这两种流之间的关系有何特点?

4. "协同是成功的供应链战略管理的关键因素之一。"你是否同意这种说法?为什么?

第二篇

运作篇

第 3 章 需求管理与客户服务

本章要点

知识要点	掌握程度
需求管理的必要性	了解
需求管理的概念	了解
预测需要考虑的因素	掌握
预测方法与流程	掌握
预测技术	重点掌握
客户服务	掌握

导入案例

三年前,胡小艾在南肖埠开了一家饺子馆,生意很好。不少周围的小区住户常来光顾小店,有些老顾客一气儿能吃半斤饺子。但是令胡小艾困扰的是饺子馆的物流问题,因为在开业这一段时间,很多利润被物流环节消耗掉了。

刚开始卖给一个客人 10 个烤饺,定价为 5 元钱,直接成本为饺子馅、饺子皮、佐料和燃料,每个饺子的成本大约为 2 角钱。虽然存在价差空间,可是饺子馆仍然赚不到钱,原因在于每天都有大量剩余原料,这些采购的原料不能隔天使用,再加上人工、水电、房租等经营成本,每个饺子的成本都接近 4 角钱了。

如果一天卖出 1000 个饺子,同时多余 500 个饺子的原料,则相当于亏损了 100 元左右,每个饺子的物流成本最高时有 1 角钱,加上粮食涨价,因此饺子馆的利润越来越薄。

经分析得知,问题的关键在于控制数量、准确供货。其实做饺子的数量很难掌握,做少了,有时候客人多,会出现供不应求的现象;做多了,就会出现剩余,造成不必要的浪费。

从理论上说,饺子馆一般有两种供应方式:一种是每天定量供应,一般早上 10 点开始,晚上 9 点结束,这样可能会损失客流量;另一种是根据以往的经验做预测,面粉每天的用量比较大,所以这部分的需求量相对比较固定。

随着饺子馆规模的逐步扩大,原料供货就更需要统筹安排了:饺子馅的原料可以根据前一天用量进行每日预测,然后根据原料清单进行采购;一日采购两次,下午会根据上午的消耗进行补货,晚上采购第二天的需求量。

胡小艾咨询了一些物流专家,得知这是波动的需求和有限的生产能力之间的冲突,在大企业里,它们通常会提高生产柔性去适应瞬息万变的市场需求。可是对于经营规模有限的小店来说，要做到这点太难。所以有人建议进行"平衡物流"，即想办法调整顾客的需求以配合有限的生产能力。比如，用餐高峰期大概在每天 12:00—13:00 和 19:00—20:00 这两个时段，胡小艾就选择在 11:00—11:45 和 18:00—18:45 推出 9 折优惠计划，吸引了部分对价格比较敏感的顾客，有效分散了需求。如果碰到需求波动比较大的情况，也就是说某一种饺子的需求量非常大的时候，比如客户要的白菜馅儿没有了，就要求店员推销牛肉馅儿或者羊肉馅儿，同时改进店面环境，安装空调，提供报纸杂志，使顾客在店里的平均等待时间从 5 分钟延长到 10 分钟。

胡小艾做了三年的水饺生意，从最初每个饺子分摊大约 1 角钱的物流成本，到后来的 5 分钱，现在成本就更低了。由于做饺子的时间长了，需求的种类和数量相对固定下来，每个饺子的物流成本得到了有效控制，大约为 2 分钱，主要是采购人工、运输车辆的支出。

3.1　需求管理的必要性

为了确保购买者得到他们想要的汽车，一家美国汽车生产商的最高级行政管理人员最近举行了一次"客户见面会"，在这里他们和真正的客户坐在一张桌子旁共同讨论他们生产的汽车以及汽车如何适应客户的生活需要。此外，这些最高层管理人员每年还要至少拜访他们公司的经销商两次。尽管研究表明只有 60% 的汽车客户想得到他们想要的产品，但公司的目标是达到 100%。为了实现这个目标，公司的重点是开发一个程序，通过这个程序经销商能够在汽车生产之前改变订单，并寻求更好的方式以便更加及时、稳定地将成品汽车运送到客户。

公司另外一个目标是使订单录入和汽车配置更加精确有效。它想要能够告诉购买者它的汽车何时能够造好并完成备货。最后，该公司建立了专门的团队和它的供应商一起合作，根据预测来调整生产战略。公司通过这种合作想得到的最终结果是缩短汽车送达客户所需的时间。

图 3-1 说明了供需失衡如何影响整个供应链的有效性。以 PC 机行业为例，该图描述了一个产品在其整个生命周期从生产、渠道订货到满足真正的最终用户需求的过程。忽略早期使用者不计，个人电脑的最终用户需求通常在新产品被投放市场的时候达到最高水平，这也是产品可得性最不稳定的时候。当新的竞争性产品出现时，最终用户的需求开始逐渐减少并最终达到适度的水平，此时产品可得性高，即供给充足，但通常会被逐步淘汰。

在新产品投入的第一个阶段，当最终用户的需求达到最高点时，盈利的机会最大，个人电脑的装配企业不能供给足够的产品来满足需求，从而产生了真正的产品短缺。同时在这一时期，批发商和零售商倾向于过多订货，经常产生假设需求。第二阶段，随着生产开始快速增加，装配企业针对这种高涨的订货形式采取雇佣生产和提高投放价格的手段。当渠道存货开始充足时，价格竞争开始到来，产品过剩和退货也开始。这进一步使 PC 产品需求萎缩，PC 装配企业受到最沉重的打击。

在最后一个阶段，最终用户的需求开始减少，形势明显转向了过度供给状况。这主要是由于企业的计划过程和系统的最初设计是以前期的需求为标准，而大量的前期需求又是由前面提到的假设需求表现的，所以预测是失真的。平衡供需时，这些行为的最终结果是产品的绝大多数在利润机会下降时售出,从而削弱了行业参与者实际的价值创造机会。更加不幸的是为了防止供给的不确定性,整个供应链持有大量存货。

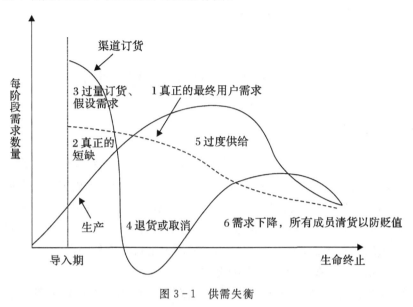

图 3-1　供需失衡

由此可见,了解和管理市场需求是企业成功的重要决定因素,但可惜的是,很少有企业成功地将需求管理和企业战略联系在一起。

3.2　需求管理的概念

根据 Blackwell 的观点,需求管理被认为是"以用户为中心,以用户的需求为出发点,集中精力来估计和管理用户需求,并试图利用该信息制定生产决策,以实现用户效用最大化的一种活动"。传统的供应链通常以生产或装配为起点,以将产品销售给消费者或企业购买者为终点。然而,往往都是由生产商(常常远离最终用户和消费市场)来决定销售什么,何时、何地销售以及销售多少。这反映了生产和需求之间在消费上的分离,因此,对需求管理的任何关注都将为整个供应链创造效益。

需求管理的本质是在整个供应链中提升企业的能力,尤其是通过客户获得生产信息来协调与产品流、服务流、信息流和资金流相关的活动。所期望的最终结果是为最终用户和消费者创造更多价值,所有的供应链活动应当是为最终用户而进行。

对这一定义的理解要注意以下两点:

(1)需求管理中的需求不同于经济学中的需求,它除了包含消费者对产品的需求量与价格之间的对应关系外,还要明确用户需求产品的种类、性能、数量、时间和地点,以便在正确的时间、正确的地点、以正确的成本向正确的消费者提供正确数量、正确状态的正确商品。

(2)用户效用的最大化是指企业以最有效的方式、以最低的成本和价格向用户提供最能满足其个性化需求的产品。

由此可知,需求管理的本质是在整个供应链中促进企业多方面的能力,尤其是通过客户获得生产信息来协调与产品流、服务流、信息流和资金流相关的活动,所期望的最终结果是为最终用户和消费者创造更多价值。

需求管理的关键是需求预测。最理想的需求管理要求企业根据用户的具体需求结合市场的预测制订生产计划。

3.3 预测需要考虑的因素

3.3.1 需求的性质

预测的需求可以分成相关需求和独立需求。相关需求是指某种物资的需求量与其他物资有直接的配套关系,当其他某种物资的需求量确定后,就可直接推算出来。企业内的各种在制品、零部件等都属相关需求。如轮胎装配到汽车上,轮胎的需求取决于汽车装配计划。相关需求关系可以分为垂直相关和水平相关两种。需求的垂直相关分为若干层次,如原材料供应商、零部件制造商、装配商和配送商等。而水平相关需求则是指在每种物资中包括的附属物、促销等。例如,购买一副羽毛球拍免费提供的羽毛球。

对基本物资的需求估计最初是通过使用预测、存货状况和需求计划来确定的。一旦采购或制造计划被确定,对零部件的需求便可以直接进行计算,不需要分别进行预测。因此,零部件项目的预测可以直接产生于基本物资的预测。如果基本物资的需求发生了实质性的变化,那么就有必要调整零部件的需求。一般而言,这种相关需求关系不会改变,所以通常说来没有必要对这种相关需求项目进行预测,因为它的有关内容最好还是通过基本物资来确定。

独立需求是指某种物资的需求量是由外部市场决定的,与其他物资不存在直接的连带关系。例如,对冰箱的需求有可能与对牛奶的需求无关。所以,对牛奶进行的预测对冰箱的预测不起任何作用。独立需求物资包括大多数产成品形式的消费品和工业物资,对它们应单独进行预测。

预测既强调时间,也强调数据。然而,当存在从属需求时,预测者应该利用这种情况,仅预测基本物资的需求。通常来讲,要有可能,尽量利用相关性。

3.3.2 预测内容的组成

需求管理主要是指预测消费者或最终用户将要购买的产品数量。在一体化的供应链方案中,所有其他的需求将直接来源于初始需求,或至少受其影响。供应链一体化管理的主要目标之一就是促进所有的供应链决策实现预期的设定,同时满足市场初始需求。

预测主要是通过对历史资料、市场和竞争对手的分析,结合季节因素、政府行为的影响、市场活动支持及个人经验对市场预期的判断。预测需要涉及多环节,经过多次循环,是制订生产计划与销售计划的依据。

物流需要用预测数量进行计划和协调。这种预测一般是每一个库存单位和配送地点的月度数字或每周的数字。虽然这种预测数量一般是一个单一数字,但是该数值实际上由六部分组成,包括如下:

(1) 基本需求是不考虑其他所有的因素时的数值,它预测的是没有季节因素、趋势值、周期因素和促销因素等成分的数量。基本需求以整个时期内的平均值表示。

(2) 季节因素通常以年度为基础。例如在圣诞节前玩具需求量较大，而在一年的前三个季度中需求量则相对较低。因此，可以说玩具的需求类型是在前三个季度中季节因素较低，最后一个季度呈现季节因素的峰值。

(3) 趋势因素定义为在一个时期内，销售的长期总趋势。这种趋势值可以是正的、负的，也可以是正负不定的。正的趋势值意味着销售量随时间增加，负的则表示销售量随时间推移而减少。例如：PC机的销售趋势是增长的；出生率的下降意味着随之而来的一次性尿布的需求将减少；由于人们的饮用习惯的变化，啤酒消费从增长趋势变化到一种不确定趋势。

(4) 周期因素的特点是其需求模式中的波动超过一年。这种周期因素可以是上升的，也可以是下降的。例如经济周期，一般每隔3~5年有一次经济从衰退到扩张的波动。住房需求通常就与经济周期以及由此产生的电器产品的需求联系在一起。

(5) 促销因素的特点是需求波动是由厂商的市场营销活动引起的，如广告、促销等。这种波动的特点是促销期间销售量增加，此后随着促销售出库存后销售量下跌。促销可以是有规则的，如都在每年的同一时间发生。从预测的角度来看，有规则的促销因素成分类似于季节因素成分。不规则的促销因素成分是在不同的时期内发生促销，所以必须对它进行分别跟踪。促销因素成分不同于其他预测成分，在很大程度上，厂商在时间和规模上可以控制促销因素。

(6) 不确定因素包括随机的或无法预计的、不适合归在其他类别的成分中的数量。由于它的随机性质，这种成分不可能事先预计。在展开一项预测过程时，其目标值要通过跟踪和预计其他因素成分，使随机成分的数量影响减少到最低程度。

虽然预测不一定都包含以上所有的内容，但是了解每一项内容的特征，对于能够跟踪它们并适当地结合进行预测中是很有帮助的。

3.4 预测方法与流程

3.4.1 预测方法论

预测从方法论上可以分为自顶向下法(top-down approach)和自底向上法(bottom-up approach)。

自顶向下法也称分解法。如图3-2所示，先展开全国层次的SKU预测，然后按照历史的销售模式把量分摊到各地。假定全国月度预测总计为10000单位，厂商使用4个配送中心历史上所占分配额为40%、30%、20%和10%，预计每个配送中心的预测值分别为4000、3000、2000和1000单位。

自底向上法是一种分权化预测方法，每个配送中心可独立地展开预测。每一预测都能更精确地跟踪和考虑在特定市场内的需求波动。然而，自底向上法需要更详细的记录，并且更难结合系统的需求因素，如促销的影响。

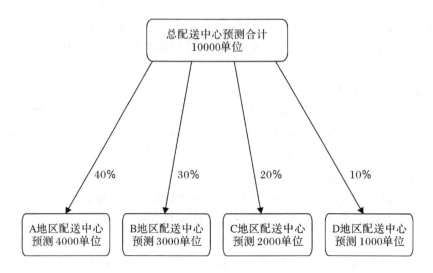

图 3-2 自顶向下法

3.4.2 预测的流程

正常的物流作业预测的时间一般是1年或以下,它取决于计划的预期用途。预测是以每天、每周、每月、每季、半年以及年度为基础的,最常见的是月。

首先,有效的预测流程由若干个部分组成,图3-3显示了这些组成部分及相互关系。预测过程的基础是预测数据库,它包括了订单、订单历史以及获得订货的战术,如促销等。其他如经济状况等环境也应考虑在内。为了有效地支持预测,数据库必须包括定时的历史与计划数据,它能够使得数据处理、概括、分析和报告更加便利。

其次,有效的预测过程必须开发一种支持用户需要(如财务、销售、生产和物流等部门)的综合和一致的预测。预测的用户要求精确的、一致的和详细及时的结果。

最后,开发有效的预测还需要有一个结合了预测技术、预测支持系统及预测组织与管理这三个组成部分的流程。

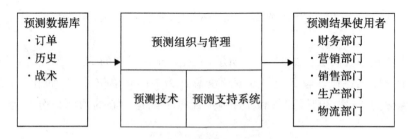

图 3-3 有效的预测过程

3.5 预测技术

3.5.1 定性预测

定性预测方法是主观的预测方法,依赖于人们的判断和意见做出预测,主要方法有一般人员意见法、专家意见法、主观概率法。其主要适用于缺少历史数据或专家关于市场的见解对于预测十分重要的情况。这种预测方法具有预测时间短、成本低、操作性强的优点,但是预测的结果受主观因素的影响较大。

1. 一般人员意见法

(1) 集体意见预测法:把所有参与者的预测意见加权平均求出预测值的方法。其主要步骤如下:

① 每一位预测者提出个人的预测意见;
② 计算每一位预测者的意见平均值;
③ 采用加权平均法求得集体的预测意见。

(2) 经营人员意见预测法:通过听取经营人员的意见来预测市场需求。其特点包括如下:

① 简单明了,容易进行;
② 适用范围广;
③ 对商品需求量、品种、规格等都可以进行预测;
④ 在实际使用中灵活主动。

(3) 客户意见预测法:直接听取客户意见后确定预测数。通过调查,对客户的购买意向、将来用什么、打算买什么,都了解清楚,再考虑可能出现的竞争情况之后,得出对本公司产品需求的预测数。可采用的方式包括走访客户、客户座谈会、巡回展览、商品展销、定期填报需求登记表等。能否取得成功,主要靠客户的合作。

2. 专家意见法

(1) 专家会议法:根据预测的目的要求,邀请专家开会,就有关内容进行深入讨论和分析,最后综合到会者的意见做出预测。此法的缺点是与会人数有限,且易受权威人士左右。

(2) 专家小组法:也称德尔菲法。其基本程序如下:由企业外见识广博、学有专长的专家做市场预测。先请一组专家(10~50人)独立地对需要预测的问题提出意见,公司主持人把各人意见综合整理后反馈给每个人,使他们有机会比较他人不同的意见。如仍坚持自己的意见,可进一步说明理由,再寄给主持人。主持人整理后再次反馈给每个人,如此重复 3~5 次后,一般可得出一个比较一致的意见。

3. 主观概率法

主观概率法是一种以个人经验为主,对专家的意见进行分析评定而预测的方法。分别征求专家的意见,然后根据个人的经验,对专家的不同意见的可靠性进行评定(可以用百分比表示,也就是"主观概率"),再对专家的意见加以综合,以使预测值更加切合实际。

例如,请 4 位专家根据目前市场情况来预测某地区来年对手表的需求量,甲预测为 15 万只,乙预测为 12 万只,丙预测为 8 万只,丁预测为 5 万只。一个最有经验并且最了解目前情况的人认为,各人预测均有一定根据,评定甲的概率为 0.5,乙和丙的概率均为 0.2,丁的概率为 0.1。按这个概率计算来年该地区手表的预测需求量为:

$$15×0.5+12×0.2+8×0.2+5×0.1=12(万只)$$

3.5.2 定量预测方法

定量预测方法需要有较为翔实的数据作为基础,预测方法的复杂程度也大不一样。一般物流管理者不必考虑太过复杂的预测方法。因为预测信息,尤其是销售预测,是企业各部门都需要的,预测活动常常是由企业的营销、规划或经济分析部门进行的。中期或长期的物流需求预测通常由其他部门提供给物流管理者。物流管理者的工作一般仅限于协助库存控制、运输计划、仓库装卸计划及类似活动的管理部门做短期预测。而且,大量的实证研究表明,没有哪种预测方法具有明显的优势,模型的预测精度也不会因为模型的复杂程度增加而自动提高。根据方法的复杂性、潜在作用和数据的可得性,物流管理者只需具体考虑几种预测方法。一般来说,定量预测方法具有科学理论性强、逻辑推理缜密的优点,但是其操作成本高、应用困难,并且需要依赖一定的理论基础。

定量预测方法主要包括时间序列法和长期趋势方法。

1. 时间序列法

时间序列指在一个给定的时期内按照固定时间间隔(如一小时、一周或一个月等),把某种变量的数值依时间先后顺序排列而成的序列。基于时间序列的预测方法总是假设通过过去的数值可估计它们未来的数值。

(1)平均数法。平均数法通过对历史数据作平均运算,序列中偏高或偏低的数据可相互抵消,因此平均数法可以平滑数据序列中的波动。一般有四种平均数法。

(2)简单预测法。任何一个时期的简单预测值均等于前一个时期的实际值,需求稳定的产品可以使用这一预测方法。其优点是成本低、无须分析数据,因而既快捷又容易;缺点是预测精度不高。

(3)移动平均法。移动平均法利用过去一系列的实际数值进行预测,将距离预测期最近几期的实际数值的平均值作为预测值。其计算公式为:

$$MA_n = \left(\sum_{i=1}^{n} A_i\right)\Big/n$$

式中:i 为序时项数;n 为移动平均中的总序时项数;A_i 为第 i 期的实际数值;MA_n 为移动平均数。

这种预测方法的优点是便于计算,易于理解;缺点是赋予各期相同的权重,如果在时间序列中发生了非随机性变动,该方法对这种变化的反应不敏感。

例 3-1:在 5 个连续时间段内,某库存产品的使用量是 90、84、100、108、116。

若求前 4 个时间段内的移动平均数,则

$$(90+84+100+108)/4=96$$

若求后 4 个时间段内的移动平均数,则

$$(84+100+108+116)/4=102$$

这里的每一步计算,原先的时间序列都被打破,而新的时间序列又被列入。计算得出每个时间段的平均数绘制到图表上。在计算平均数时,对时间段的选择没有精确的规定。应该不断尝试和改进,找到尽量少波动且最平滑的那个时间段。

(4)加权平均法。加权平均法与移动平均法相似,不同的是赋予时间序列中距离预测期较近数据以较大的权重。

例 3－2:某商场家电产品在前四周的需求量依次为 19、17、15、13,给最近一期数据赋予权重 0.4,上一期数据赋予权重 0.3,再上一期数据分配权重 0.2,距离预测期最远一期数据分配权重 0.1。则加权平均值为:

$$MA_n = 0.4 \times 13 + 0.3 \times 15 + 0.2 \times 17 + 0.1 \times 19 = 15$$

这种预测方法的优点是对最近一期的实际情况反应灵敏。其缺点一个是移动间隔期的确定,企业没有办法知道多久以前的需求对预测期的需求没有影响;另一个是赋予每一期的权重没有科学的确定方法,只能依靠主观的经验进行判断。

(5)指数加权平均数法。这种方法最适合进行短期预测,最新数据的权重高于早期数据。这种方法的特点有:①它是短期预测中最有效的方法;②只需要得到很小的数据量,它就可以连续使用;③在同类预测法中,它被认为是最精确的;④当预测数据发生根本性变化时还可以进行自我调整;⑤它是加权移动平均法的一种,与近期观测值的权重相比较,远期观测值的权重要大。

具体做法:上一期预测值加上时间序列该期实际值与预测值差额的一定百分数即得新的预测值。即

$$F_t = F_{t-1} + a(A_{t-1} - F_{t-1})$$

式中:F_t 为第 t 期的预测值;F_{t-1} 为第 $t-1$ 期的预测值;a 为平滑系数;A_{t-1} 为第 $t-1$ 期的实际需求量或销售量。

上式可变形为:

$$F_t = (1-a)F_{t-1} + aA_{t-1}$$

平滑系数 a 决定了预测对偏差调整的快慢。a 的值越接近 0,预测对偏差的调整就越慢(即预测对时间序列做出了更大的平滑)。反之,a 的值越趋于 1,预测对偏差的调整就越迅速,同时平滑效果就越差。在实际中,a 取 0.1 和 0.2 最频繁。当 0.1 这样小的数被选择使用时,由于它建立在大量的过去时间段的平均数基础上,其反应结果将是十分缓慢和渐进的。而使用较高值如 0.5 时,势必导致这种预计行为对实际变化作出"神经质"的太快反应。而有了指数的平滑作用,只需要用过去预计值和过去时间段内的实际需求值的差值乘以 a(分数值),就对过去预计值做出了调整。

例 3－3:在 1 月份,对某库存产品的实际需求是 290 单位,而原预测需求是 280 单位。假设平滑系数为 0.2,那么 2 月份的平均预测需求将是多少?

$$0.2 \times 290 + (1-0.2) \times 280 = 58 + 224 = 282$$

因此,对 2 月份的预测需求就是 282 单位。通过从估算出的当月需求中减去上月的平均预测需求,我们就得出需求的变化趋势。

2.长期趋势方法

时间序列长期趋势分布反映了所有长期因素对时间序列数据的影响。可通过建立一个合适的数学模型对长期趋势进行分析。长期趋势预测一般具有如下形式:

$$y_t = a + b_t$$

式中：t 代表时间序数的期次；y_t 为第 t 期趋势值；a 为 $t=0$ 时该期趋势值；b 为直线斜率。a 和 b 可利用历史数据进行计算：

$$b = \frac{n\sum ty - \sum t \sum y}{n\sum t^2 - (\sum t)^2}, a = \frac{\sum y - b\sum t}{n}$$

式中：n 为时期数；y 为时间序列的数据。

3.6 客户服务

客户服务是任何物流管理系统最重要的组成部分。事实上，所有其他的物流管理活动的构建，都是为了支持客户服务的目标。

3.6.1 客户服务的定义

客户服务是一个企业最重要的物流活动之一，因为企业所提供的客户服务水平会对其市场份额、成本和盈利性产生直接的影响。如果物流系统，特别是出货物流，不能正常运行，如某一客户没有如期收到订货，企业就会失去未来的销售额。生产部门可以以适当成本生产出一个好产品，营销部门则可以卖掉它，但是如果物流没有按承诺的时间和地点运送它，客户就会不满意。

我们可以认为"客户服务"是企业提供给购买其产品或服务的人的某种事物。产品有三个层次：①产品或服务的核心价值，这是购买者真正要购买的部分；②有形产品，即实体产品或服务本身；③外延产品，即客户所购买的有形产品或服务的附加价值，但同时也是产品整体价值的一部分。

按照这种层次的划分，我们可以认为物流客户服务是能够为购买者增加价值的外延产品的一部分。外延产品的其他例子有安装、保修和售后服务。

客户服务可以分几种方式来看。有时，客户服务被视为一种活动。一个处理抱怨、特殊订单和订货等的客户服务部门，常常能说明客户服务的方方面面。同样地，客户服务可以被看作是一种绩效的衡量。举例来说，如果厂商能在 24 小时内装船运送所有的货物，那么它就提供了良好的客户服务。但是，这两种方式的视野都过于狭窄。在前者的情形中，客户服务活动似乎强调解决问题，而非积极地满足客户需求。例如，在许多零售商店中，客户服务部门都隐藏在一个遥远的角落中，它只是充当接受客户不满意见而已。而在后者的例证中，强调达到某种功能绩效，这将导致管理者把重心集中在满足某些标准而并非顾客需求的任务上。

有先见之明的公司，会把客户服务作为公司的一种基本原则，从而定义了其从事业务的方式。当然，组织的类型也会表现为或者建立一个客户服务部门，或者运用绩效标准，但是在这一情形中，重点是顾客，而非过程。换句话来说，物流管理系统是为顾客提供他们所需的服务水平，从而带来顾客的满意，然后会促使顾客进行重复交易，进而使顾客忠诚，并最终使公司获得利润。

本书所采用的客户服务定义是：客户服务是为了使最终用户的总价值最大化而提供竞争者优势并增加供应链价值的方法。

3.6.2 客户服务的因素

一个企业的客户服务策略是围绕五个主要因素建立起来的。

1. 可依赖性

可依赖性也许是顾客最为关注的,因为它强调了购买过程的基本部分。可依赖性可能是以产品的可获得性为形式,即当顾客需要购买时,商品就放在货架上。它也可能是指如下事件,如满足许诺的发货日期、正确地完成订单、提供正确的订货条件。实际上,可依赖性仅仅意味着可以信赖厂商会去做它所宣称的事情。

2. 时间

时间与订货周期相关。订货周期(lead time),也称备货期、提前期,是指从客户决定订货到收到订货所需要的时间,它包括发生在从订单生成到客户收到订单时间内的活动,主要由四个活动或要素组成,即订单生成、订单处理、订单准备和订单运送,如图3-4所示。特殊的活动如订单延后和加快将影响整个订货周期时间。而随后的客户活动如产品退回、索赔处理和运费单处理在学术上不属于订货周期。

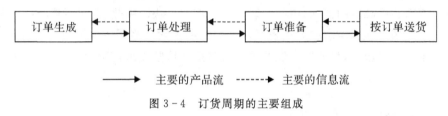

图3-4 订货周期的主要组成

通过对这些活动的有效管理,保证合适的订货周期及稳定性,来对客户服务水平进行改进。若对以上所有的四个组成部分进行改进来减少备货时间,其费用可能太高,企业可以在某一项上进行改进而其他部分保持不变。如投资自动化物料搬运设备可能在财务上不合算,但为了弥补工人操作带来的较长的订单处理时间,公司可以采用电话订货来代替信函订货,以及用公路运输代替铁路运输,这将使公司减少备货时间,而不用在自动物料搬运设备上花费太多。

3. 便利

便利是物流服务水平必须灵活的另一说法。例如,某一客户可能要求卖方托盘化并以铁路进行运输,而另一客户则只要求非托盘的公路运输,而第三个客户可能要求特殊的交货时间。物流服务要求与客户对包装、运输方式和承运人、线路、交货时间的要求等有关。

便利或灵活性是指认识到了客户的不同要求。卖方一般能根据客户大小、生产线等因素来划分客户。这种划分,使物流经理认识到客户的不同需求,并努力以最经济的方式来满足这些需求。我们可以把对物流服务水平上的便利看成对不同客户给予不同的服务水平。更具体地说,不同客户群丢失订单的成本是不同的。例如,订购30%公司产品量的客户比订购0.01%公司产量的客户丢失的损失更大。此外,竞争性强的市场比竞争性弱的市场需要更高的客户服务水平,公司中不同产品的利润率也影响与限制提供服务的水平,也就是说,对低价值的产品,公司可提供较低的服务水平。

4. 沟通

沟通包括诸如货物追踪、回答顾客询问、订货和信息管理等活动。联邦快递和UPS均依赖广泛的通信系统，使得承运人可以告知托运人特定的货物正在运输途中。许多客户要求了解与物流状况的装载有关的信息，例如装运期、承运人或路径等。客户需要这些信息来计划运营，他们期望物流管理人员在实时基础上予以回答。此外，沟通还意味着公司倾听顾客心声，发现他们的需要，并且尽力满足。如果没有客户沟通，物流管理人员无法提供最有效和最经济的服务，换句话说，物流管理人员就是在不完全了解规则的情况下打棒球。

5. 诚信

诚信说明的是公司要信守它向顾客做出的承诺，承诺多于行动，往往会导致顾客的不满。因此，当进行客户服务会面临太多的压力时，管理者必须谨慎行事，不能对其客户服务水平夸夸其谈。

这些因素综合在一起决定了企业的客户服务策略。此外，这些因素直接影响物流的成本，因此管理者必须确保收入能够抵补这些支出。提供太少的服务会使顾客不满，导致他们从别处进行买卖。然而，企业经常会提供多于客户要求的服务。这一举动提升了成本，而且，它也会提升下一笔交易中顾客的预期，由此可能引发顾客的不快。因此，企业面临的挑战在于要用一种以最低成本满足顾客需求的方式来综合以上这些因素。当买主需要倍加关注时，企业可能会斥巨资用于客户服务，只要所产生的收入能够抵补这些支出，管理者就应当欣然接受这些成本。

 研究案例

2008年北京奥运食品冷链物流需求预测分析

对奥运食品冷链物流进行需求分析，可在一定程度上减少冷链物流在实际运作中的不确定性，为奥运食品冷链物流的系统规划和实际运作提供参考。冷链物流需求预测主要预测居住奥运村的各类人员和国内外观众（需求主体）对冷冻冷藏食品（需求客体）的需求所引发的冷链物流需求。

随着现代奥运会的不断发展和赛事规模的不断扩大，奥运会越来越受到世界各国的关注。2008年奥运会在北京召开，奥运食品安全问题直接影响到参赛人员的身体健康和赛事的正常进行，是2008年北京奥运会成功举办的一个重要影响因素。奥运食品冷链物流作为保障奥运食品安全的重要环节，是奥运会保障体系的重要组成部分，其高效运作对奥运会的成功举办至关重要。对奥运食品冷链物流需求进行预测分析，可在一定程度上减少冷链物流在实际运作中的不确定性，为奥运食品冷链物流的系统规划和实际运作提供参考。结合北京市食品冷链物流现状和奥运会对食品冷链物流的需求，对北京市冷链物流软硬件进行规划，可最大限度地保障奥运食品安全和冷链物流高效运作。

奥运物流需求是指在举办奥运会的一定时期内由于赛事及其相关活动对比赛物品等配置所产生的物流活动要求，其基本要素有运输、储存、包装、装卸搬运、流通加工、配送及相关信息处理等。奥运食品冷链物流需求是指在举办奥运会的一定时期内，因奥运会参与者对冷冻冷藏食品的需求而产生的对冷冻冷藏食品运输、仓储、装卸搬运、流通加工配送及相关信息处理等物流活动的需要。奥运食品冷链物流需求分析是进行奥运食品冷链物流系统规划的定量化依据。根据不同的分类标准对奥运食品冷链物流需求进行分类有助于细化奥运食品冷链物流需求，对不同类别的需求采用不同的预测方法能够提高预测分析的精度。

2008年奥运会的食品冷链物流需求主体分别为运动员、代表团其他成员、技术官员、媒体记者、奥林匹克大家庭成员贵宾、国际与国内贵宾、奥运会志愿者、奥运会观众等。而需求的客体，即奥运食品主要包括肉制品、乳制品、水产类、水果类、蔬菜类、冷冻食品、豆制品、饮料类等。

奥林匹克大家庭成员贵宾、国际与国内贵宾和技术官员在奥运期间主要住在奥运会指定饭店，而奥运会所招募的志愿者原本就居住在北京市，对他们的研究不能反映奥运会所带来的食品冷链物流增设。运动员、代表团其他成员、媒体记者和观众是引发奥运食品冷链物流增设的主要因素，因而需要对奥运食品冷链物流需求主体的这四个部分进行预测，以抓住问题的主要矛盾。从奥运食品冷链物流需求客体来看，需求客体种类繁多，不便逐个进行预测。中国猪肉生产和消费总量居世界第一，而且随着人民收入水平的提高，对牛羊肉的消费需求也迅速增加，因此本案例选择具有代表性的猪肉和牛羊肉进行预测。综合起来，主要是预测居住在奥运村的人员（包括运动员、代表团其他人员和媒体记者）与国内外观众对冷冻冷藏食品的需求所引发的冷链物流需求量。

本案例预测思路首先对所界定的需求主体数量进行预测，然后根据预测结果并结合人均食品消耗量预测冷冻冷藏食品（猪肉和牛羊肉）的总需求，最后根据单位设施设备的能力预测食品冷链物流的需求量。

对奥运食品冷链物流需求进行预测分析可以为奥运会期间的相关组织规划工作提供一定的数据支持，根据需求数量等相关数据准备好所需的运输、仓储、配送等设施和设备，确保奥运食品冷链物流的有效运作，保障奥运会期间冷冻冷藏食品的安全。

1. 奥运食品冷链物流需求主体预测

针对所收集资料的特点与需求主体的不同类别，本案例对不同预测对象采取了不同的预测方法，如神经网络算法、信息采集法及因果分析法。

(1) 运动员数量分析。

奥运食品冷链物流系统是一个开放性的复杂系统，影响需求的因素很多，既有定性因素，也有定量因素。从本案例所收集的历届奥运会参赛运动员人数来看，运动员人数一般呈非线性、随机性特征，并与国际局势、主办国等因素有很大关系，这些因素难以定量描述，而且难以与预测目标建立确定的函数关系。神经网络能模拟人脑思维结构，具有自学习、自组织、自适应能力，容错性强，可有效解决非线性预测问题。本案例采用神经网络算法对2008年北京奥运会运动员数量进行预测，以此作为奥运食品冷链物流需求预测的基础。具备自学习和自适应能力的基于误差反传算法（以下简称BP算法）的神经网络（以下简称BP神经网络）具有很好的自调整功能。简单的BP神经网络模型由输入层、输出层和若干隐含层组成，其中隐含层可以有多层，各层神经元之间通过连接权重相互连接。BP算法的基本思路是：输入信号从输入层经隐含层函数作用后到达输出层得到输出信号，若实际输出的信号与期望值不符，网络就进行反向传播，反复修正各层间的权值和阈值，直到得出的期望输出值最小，即网络全局误差最小。

诺贝尔经济学奖获得者克里夫·格兰杰（Clive W. J. Granger）在2005年诺贝尔经济学论

坛上,以统计推论对参加北京奥运会的运动员人数进行了精确预计:2008年奥运会运动员人数将达到11468人。本案例将运动员人数记为11500人。

(2)代表团其他人员及媒体记者数量分析。

根据往届奥运会的经验,代表团的人数通常与运动员的数量存在相关性。克里夫·格兰杰提出,每1000名运动员将会另有500名随行的官员、教练、厨师、保安等。因此,在运动员数量预测的基础上,预测出2008年参与奥运会的代表团其他人员数量为5750人。据北京奥组委副主席蒋效愚在第二次国内媒体研讨会上透漏的信息可知,采访北京奥运会的中外注册记者将达到21600人。

(3)观众数量预测分析。

奥运会主办城市确定后,该城市旅游人数往往会有大幅度的增加,增加较多的是来自世界各地的外国游客。根据历届奥运会的经验和统计资料以及北京在国际旅游中的地位,届时海外游客的数量应该在25万人左右甚至更多。对于国内观众,由于没有相关资料可供参考,本案例以北京历年七、八月份的旅游人数为基础进行预测。根据统计资料,北京近两年七、八月份的月平均旅游人数在75万~85万。尽管奥运会是重大的体育赛事,但由于举办时并非长假期间,预计到北京现场观看奥运会比赛项目的国内观众不会太多。因此奥运会期间来京旅游的国内人员数设应与其他年份旅游人数持平,为75万~85万,取平均数80万人。

奥运食品冷链物流各需求主体的预测结果为:运动员为11500人,代表团其他人员为5750人,媒体记者为21600人,国内观众为80万人,国外观众为25万人。

2. 奥运食品冷链物流需求客体预测

各国国情不同导致不同国家居民消费习惯不同,本案例分别计算国内观众及其他人员对猪肉和牛羊肉的需求。

(1)国内观众对冷冻冷藏食品(猪肉和牛羊肉)的需求总量。

假定境内旅游人员的消费水平与北京市居民的消费水平相同,根据《北京统计年鉴》中的相关数据,对2008年北京奥运会期间境内旅游者对冷冻冷藏食品的日需求总量进行预测。人均日消费商品交易市场商品成交量除以当年北京市居住人口数量再除以365得到,其中当年北京市居住人口数量为当年北京市常住人口数量与外来人口数量之和。

猪肉和牛羊肉的人均日消费量几年之内基本持平。以全部数据的平均值作为猪肉和牛羊肉人均日消费量的估计值,分别为0.0484千克和0.0213千克。由此得出奥运会期间国内观众对猪肉的日需求总量为38720千克,对牛羊肉的日需求总量为17040千克。

(2)其他人员对冷冻冷藏食品(猪肉和牛羊肉)的需求总量。

根据美国农业部门发布的研究报告,经计算得知,美国人均日消费猪肉0.08256千克,人均日消费牛肉0.062895千克。根据加拿大农业及食品部门网站发布的信息,加拿大人均日消费羊肉0.003217千克。以这些数据作为国外人员对猪肉及牛羊肉的人均日消费量。运动员、代表团及媒体记者人数共为38850人,国际游客为25万人。由此推算出奥运会期间除国内观众外,其他人员对猪肉的日需求总量为23846.07千克,对牛羊肉的日需求总量为19096.53千克。

由上面的分析可以得出,2008年北京奥运会期间,每天需要的猪肉量为62566.07千克,牛羊肉量为36136.53千克。

3. 奥运食品冷链物流需求预测

根据奥运会冷冻冷藏食品(猪肉和牛羊肉)的需求总量,结合冷藏车的承载能力,利用因果分析法对所需的冷藏车辆进行预测。现在国内有载重为1.25吨、2.5吨、3.5吨、5吨甚至更大吨数的冷藏车。但受北京市法规的限制,5吨及以上载重的冷藏车白天不允许进入市区,因此仅考虑前三种载重相对较小的冷藏车。奥运会期间,奥运村餐厅将全天24小时为"村民"提供餐饮服务,届时所需猪肉和牛羊肉数量将大于预测量,所需冷藏车数量也将增加。另外奥运会期间,奥运村实行锁闭,对所有进入奥运村的车辆(包括对车型、车辆数及车辆进入时间等)进行控制,因而,奥运餐饮服务提供商需要依据预测对每日配送计划进行很好的规划。

本案例以猪肉和牛羊肉为代表对奥运食品冷链物流需求进行预测分析,预测了2008年北京奥运会所需的猪肉和牛羊肉总量及冷藏车数量。在奥运食品冷链物流的实际运营中,冷冻冷藏食品数量将是猪肉和牛羊肉数量的数倍,对食品冷链物流的需求量也将成倍增加。

资料来源:兰洪杰,汝宜红.2008年北京奥运食品冷链物流需求预测分析[J].中国流通经济,2008,22(2):19-22.

思考题

1. 当一种产品的供给与需求不平衡时会产生什么物流问题?
2. 需求管理如何有助于渠道成员一体化?如何有助于满足客户并解决客户问题?
3. 定性预测方法和定量预测方法各有什么优缺点?它们的适应场合有什么不同?

第4章 采购与供应管理

本章要点

知识要点	掌握程度
采购的作用	了解
采购的流程	重点掌握
招标性采购	了解
电子采购	了解
供应商关系管理	掌握

导入案例

2000年3月的一天,美国新墨西哥州大雨滂沱,电闪雷鸣。雷电引起电压陡然增高,电火花点燃了飞利浦公司第22号芯片厂的车间,火灾带来了巨大的损失:足够生产数千部手机的8排晶元被烧得粘在电炉上动弹不得,车间里烟雾弥漫,破坏了正在准备生产的数百万个芯片。芯片是移动电话中的核心部件,大火使处理无线电信号的RPC芯片一下子失去了来源。面对如此重大的变故,飞利浦需要花几周时间才能使工厂恢复到正常生产水平。

这场持续了10分钟的火灾居然就像"蝴蝶效应"一样改写了世界手机市场的格局,影响到远在万里之外的欧洲两个世界上最大的移动电话生产商。因为这家工厂40%的芯片都由诺基亚和爱立信订约。面对这场危机,诺基亚和爱立信两家公司的反应形成了鲜明的对照,这场火灾居然改变了这两家知名移动电话生产公司的实力平衡。

1. 诺基亚:"危机是改进的机遇"

在火灾发生后的几天内,诺基亚的官员在芬兰就发现订货数量上不去,似乎感到事情有点不对。在随后的一个星期里,诺基亚开始每天询问飞利浦公司工厂恢复的情况,而得到的答复都含糊其辞。情况迅速反映到了诺基亚公司高层,诺基亚手机分部总裁在赫尔辛基会见飞利浦方面有关官员时,把原来的议题抛在一边,专门谈火灾问题。火突发生两个星期以后,飞利浦公司正式通知诺基亚公司,可能需要更长的时间才能恢复生产。

诺基亚发现由飞利浦公司生产的5种芯片当中,有一种在世界各地都能找到供应商,但是其他4种芯片只有飞利浦公司和飞利浦的一家承包商能生产。诺基亚老总很快召集了中国、芬兰和美国诺基亚分公司负责采购的工程师、芯片设计师和高层经理共同商讨怎样处理这个棘手的问题,一起讨论解决方案。

首席管理人员还专门飞到飞利浦公司总部了解事态的状况。此外,诺基亚公司还专门设计了一个快速生产方案,准备一旦飞利浦工厂恢复正常就可快速生产,把火灾造成的损失补回来。为了应急,诺基亚迅速地改变了芯片的设计,找到了日本和美国的供应商承担生产几百万个芯片的任务,而从接单到生产只有5天的准备时间。

2. 爱立信反应迟缓,错失良机

与诺基亚形成鲜明对照的是,爱立信反应要迟缓得多,显然对问题的严重性认识不足。当时对爱立信来说,火灾就是火灾,没有人想到会带来这么大的危害。当火突发生的时候,很多高级经理们刚刚坐上新的位置,还不熟悉火灾会造成多大的影响,也没有什么应急措施。

爱立信公司负责海外手机的部门直到4月初还没有发现问题的严重性。2000年7月,爱立信第一次公布火灾带来的损失时,股价在几小时内便跌了14%。此后,股价继续下跌不止。这时,爱立信公司才开始全面调整了零部件的采购方式,包括确保关键零部件由多家供应商提供。

火灾后遗症在2001年1月26日达到了高潮,飞利浦实在没有办法生产爱立信所急需的芯片。爱立信公司才突然发现,生产跟不上了,几个非常重要的零件一下子断了来源。而在20世纪90年代中期,爱立信公司为了节省成本简化了供应链,基本上排除了后备供应商。当时,爱立信只有飞利浦一家供应商提供这种无线电频率晶片,没有其他公司生产可替代的芯片。在市场需求最旺盛的时候,爱立信公司由于短缺数百万个芯片,一种非常重要的新型手机无法推出,眼睁睁地失去了市场。面对如此局面,爱立信公司只得宣布退出移动电话生产市场。

4.1 采购的作用

随着企业经营战略的变迁,特别是生产方式的变革,采购已不再是简单的物品买卖,而是商品生产和交换整体供应链中的重要组成,是企业经营管理的一个核心环节,更是公司获取经营利润的一个最大源泉。具体讲,采购在企业的产品开发、质量保证、整体供应链以及经营管理中都起着极其重要的作用。

1. 采购的价值地位

在全球范围内的制造企业的产品成本构成中,采购的原材料及零部件成本占企业总成本随行业不同而不同,大体在30%~90%,平均水平在60%以上。从世界范围来说,对于一个典型的企业,一般采购成本(包括原材料、零部件)要占60%,工资和福利占20%,管理费用占15%,利润占5%。而在中国的工业企业,各种物资的采购成本要占到企业成本的70%。显然采购成本是企业成本管理中的主体和核心部分,采购是企业管理中"最有价值"的部分。

在现实中,许多企业在控制成本时将大量的时间和精力放在不到总成本40%的企业管理费用以及工资和福利上,而忽视其主体部分——采购成本,往往是事倍功半、收效甚微。事实上,产品成本中,材料部分(BOM)每年都存在5%~20%的潜在降价空间。而材料价格每降低2%,在其他条件不变的前提下,净资产回报率可增加15%。此外,采购中每1元钱的节省都会转化成1元钱的利润,而在其他条件不变的情况下,若公司的利润率为5%,要想依靠增加销售来获取同样的利润,则需要多销售20元的产品。事实上,从采购的角度降低1元成本远比从销售上多卖20元的产品要容易得多,成本也要低得多。

2. 采购的供应地位

在商品生产和交换的整体供应链中,每个企业既是顾客又是供应商。为了满足顾客的需求,企业都要力求以最低的成本将高质量的产品以最快的速度供应到市场,以获取最大利润。利润是同制造及供应过程中的物流和信息流的流动速度成正比例的,因此企业为了获取尽可能多的利润,会想方设法加快物料和信息的流动,这就必须依靠采购的力量,充分发挥供应商的作用,因为占成本60%的物料以及相关的信息都发生或来自供应商。供应商提高其供应可靠性及灵活性、缩短交货周期、增加送货频率可以极大地改进企业的绩效,如缩短生产总周期、提高生产效率、减少库存、增强对市场需求的应变力等。

正如前面所提到的,竞争的要求迫使企业趋向于争取按订单设计生产的环境,企业需要将供应商纳入自身的生产经营过程,将采购及供应商的活动看作自身供应链的一个有机组成,才能加快物料及信息在整体供应链中的流动,从而将顾客所希望的库存成品向前推移为半成品,进而推移为原材料。这样既可减少整个供应链的物料及资金负担(降低成本、加快资金周转等),又可及时将原材料、半成品转换成最终产品以满足客户的需要。在整体供应链管理中,准时化生产是缩短生产周期、降低成本和库存,同时又能以最快的交货速度满足顾客需求的有效做法。而供应商的准时化供应是供应链核心企业进行准时化生产的主要内容。因此,从供应链角度来说,采购是供应链管理中上游控制的主导力量。

3. 采购的质量地位

质量是产品的生命,而企业的质量控制一般分为进货质量控制、过程质量控制和出货质量控制。由于产品中价值60%的部分是经采购由供应商提供,毫无疑问,企业产品质量不仅要在企业内部限制,更多地要控制在供应商的质量过程中,即进行上游质量控制。供应商上游质量控制得好,不仅可以为下游质量控制打好基础,同时可以降低质量成本,减少企业来货检验费用等。经验表明,一个企业若将1/4~1/3的质量管理精力放在供应商的质量管理上(包括系统的供应商质量控制和改进),那么企业自身的质量(过程质量及出货质量)水平起码可以提高50%以上。可见,通过采购将质量管理延伸到供应商,是提高企业自身质量水平的基本保证。

4. 采购在产品与经营中的作用

随着时代的变化和技术的进步,产品的开发周期极大地缩短,产品开发"同步工程"(concurrent engineering)应运而生。以汽车为例,20世纪50年代其开发周期约为20年,70年代缩短到10年,80年代缩短到5年,90年代则进一步缩短到3年左右。以电脑为代表的信息产业产品更是日新月异,其更新换代几乎是以指数的速度加快。企业之所以能做到这一点,恰恰是由于通过采购将供应商纳入早期开发。尽早地通过采购让供应商参与到企业自身的产品开发过程中,不仅可以利用供应商的专业技术优势缩短产品开发时间,降低产品开发费用及产品制造成本,还可更好地满足产品功能性的需要,提高产品在整个市场上的竞争力。

企业通过采购让供应商参与到企业自身的产品开发与生产过程中,与供应商建立伙伴关系,在自己不用直接进行投资的前提下,充分利用供应商专业技术优势为自己开发生产产品,一方面可以节省资金、降低投资风险,另一方面还可以以最快的速度形成生产能力,扩大产品生产规模(因为供应商一般都具备专业技术优势和现成的规模生产能力)。很多企业不再将与供应商的合作局限于原材料和零部件领域,而是扩大到半成品甚至成品,这里最典型的就是代工(OEM)产品。

4.2 采购的流程

有效的货物或服务的采购,对公司的竞争优势具有极大的作用。采购过程把供应链成员联结起来,保证供应链的供应质量。在许多行业中,原材料投入成本占总成本的比例很大,投入原材料的质量影响产成品的质量,并由此影响顾客的满意度和公司的收益。采购对于收入、成本和供应链关系起着如此重要的作用,那么就不难理解为什么采购管理越来越受到重视了。

采购在传统意义上是指企业为了使经营活动能够顺利开展,并满足消费者对产品和服务的需求而从事的物料和零部件的购买行为。具体来讲,采购的流程包括企业提出采购需求,选定供应商,发出采购订单,确定交货并按要求收货付款的过程。采购环节连接了供应链的各个成员,并且直接影响到物流过程的成本与质量,进而影响客户满意度和企业的收益。因此,有效的采购活动有利于产生企业的竞争优势。与采购相对应,采购管理就是指为保障企业物资供应而对企业采购活动进行的管理活动。管理包含计划、组织、指挥、协调和控制五大职能。采购管理就是对整个企业采购活动的计划、组织、指挥、协调和控制活动。

著名管理学家波特在其价值链中指出了采购环节的战略重要性,采购过程中包括确认供应商资格、采购不同规格的原材料和对供应商表现的监督,因而,采购在供应链成员之间起着重要的作用。

下面介绍有关采购过程的活动(见图4-1)。这些活动通常都会超越职能边界(组织内部)和组织边界(组织之间),如果没有交易各方的参与就不可能有效地完成这个过程。这些活动的成功实施使买卖双方取得最大的价值,也使得供应链价值实现最大化。

1. 需求的确定或重新估计

采购一般是对新用户或老用户的要求做出反应,用户是指公司中的个人或部门。在某些情况下,已有的需求必须重新估计,因为它们可能发生了变化。在任何情况下,一旦需求被确认,采购过程就可以开始了。需求可以由公司的不同部门确定,或由公司以外的人员来确定,例如客户。

2. 定义和评估用户需求

一旦需求确定下来,必须以某种可以衡量的标准形式来表示。标准可以是简单的,例如对打印机用的纸可以是具有一定重量的白纸。如果公司要购买高技术产品,标准也可能很复杂。通过这些标准,采购专业人员可以把这些用户的需求告诉潜在的供应商。

3. 决定是自己制造还是购买

在要求外部供应之前,采购方应决定是由自己来制造产品或提供服务还是通过购买来满足用户的需求。即使做出了自己制造或提供的决定,采购方也必须从外部供应商处购买某种类型的投入物。目前,这一步骤已变得越来越重要,因为越来越多的公司做出外包的决策,以便集中关注自己的核心业务。

4. 确定采购的类型

采购的类型将决定采购过程所需的时间和复杂性。按时间和复杂程度采购可以分为以下

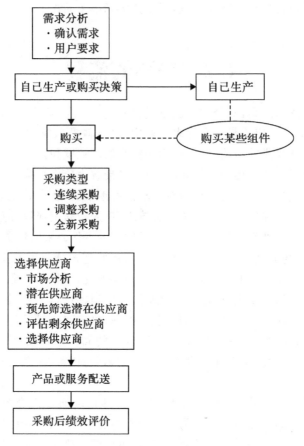

图 4-1 采购过程

三种类型:
(1)连续采购(straight rebuy)或定期采购:直接按过去的惯例进行采购。
(2)调整采购(modified rebuy):需要对目前的供应商或投入物做出一些改变。
(3)全新采购(new buy):这是新的用户需求引起的采购。

5. 进行市场分析

供应商可能处于一个完全竞争市场(有许多供应商)、寡头垄断市场(有个别大的供应商)或垄断市场(一个供应商)的情况下,了解市场类型有助于采购人员决定市场供应商的数量、权力与依赖关系的平衡、哪种采购的方式最有效,如谈判、竞争投标等。有关市场类型的信息有时候并不明显,因此必须做一些研究,参阅有关图书资料、行业协会信息等。

6. 确定所有可能的供应商

这项活动就是找出所有能满足用户要求的供应商。在这个阶段,把所有可能的、过去未被选中的供应商也包括在内。在全球化的环境下,找出所有的供应商具有挑战性,需要进行一定的研究。如果是一个小企业,可能会更多依赖常规使用的信息来源,如电话公司的黄页。

7. 对所有可能的资源进行初步评估

当对用户需求进行定义和评估时,区分需求和期望是很重要的。产品或服务的需求,对用户也是很重要的,而期望并不十分重要,它是可以进行商谈的。初步评估将可能的供应商减少到可以满足用户需求的几家。在某些情况下,初步评估可能非常简单。例如复印纸,供应商要么定期有货,要么就确定没有货。而对电脑配件来说,可能还需要内部技术人员进行一系列测试才行。

8. 剩余供应商的再评估

如果已将供应商减少到能满足用户需求的几家,就有可能确定哪家供应商最能满足用户的要求或期望。如果采购项目既简单又标准,并有足够数量的潜在供应商,这些活动可以通过竞争招标来实现。如果这些条件不存在,则必须进行更详细的估计。例如对汽车的座位安全进行测试。

9. 选择供应商

供应商的选取也决定了买卖双方将建立的关系,以及这种关系的结构是如何构建和实现的。这一活动也决定了如何同那些未被选上的供应商保持关系。实际选择应该建立在以下要讨论的标准之上,如质量、可靠性和总体要价等。

10. 接受产品的发运和服务

这一活动的发生是供应商试图满足用户需求的第一步。这个活动的完成同时会产生下一步活动所需使用的绩效数据。

11. 进行采购后的绩效评价

一旦服务完成或产品已经运送,应对供应商的工作进行评价,以确定其是否真正满足用户的需求,这也是控制活动。如果供应商的工作不能满足用户的需求,必须确定发生这些偏差的原因,并进行适当的纠正。

以上所提到的所有活动都要受采购人员所不能控制的因素影响。这些影响可以决定每一项活动实施的有效程度。它们包括组织内部和组织之间的因素以及组织外部的因素,如政府的影响。例如,市场需求的变化或生产过程的改变可能要求在第一次循环结束之前重复上述活动的某些步骤或所有步骤。供应商的财务问题也会导致问题的出现,并被迫要重复某些活动。

4.3 采购过程的管理

采购过程的管理中会遇到许多问题。但大部分公司认为这一过程相对而言是较容易的,在处理这些活动时,重要的是要记住不同的公司对采购的过程有不同的要求,四步法可以用来适应企业的特殊要求。基于前面对采购过程活动的讨论,下面的步骤可以使采购过程效用最大化。

1. 确定采购类型

在采购过程中,确定采购类型(前面所讨论的第四项采购活动)在大多数情况下将决定整个过程的复杂性。例如,连续采购意味着所有的采购活动与以前完全相同,那么只有第四步、第九步、第十步和第十一步的活动是必要的。如果是调整采购,那么可能不需要进行前述的所有活动步骤,但如果是全新采购,那么通常必须进行前述的所有步骤。

2. 决定必要的投入水平

采购过程需要公司两种类型的投入，即时间与信息。时间是采购人员所花费的，采购越复杂、重要，所花时间越多，尤其对一个新的采购而言。信息可以是内部或外部的，内部信息是有关用户的需求和采购对公司的意义，外部信息是有关供应链成员、潜在的供应商和其他单位的信息。采购越复杂、越重要，为了采购的效率，就需要更多的投资。如果没有足够的投资，可能在满足用户需求方面会产生问题。

3. 采购过程的实施

这是说起来容易做起来难的步骤，一般因情况不同而不同，它包括实施所有可以有效进行采购并满足用户要求的活动。这一步骤可以使采购人员收集即时的数据以及实际具体购买时所使用的信息。

4. 评估采购过程的有效性

这是一个控制活动，要回答两个问题：用户的需求满足了吗？投资必要吗？其目的是投资足够的时间与信息以恰好能满足用户需求。如果采购过程无效，原因可能是没有足够的投资，没能进行适当的活动，或在进行一项或多项活动时产生失误。无论如何，如果采购过程无效，管理者必须确定为什么无效，并采取适当的措施，确保以后的采购有效。如果是有效的，就可以作为今后采购的参考。

尽管采购的过程很复杂，但是只要管理者能够采用一些系统的方法去实施，采购过程就能被有效地管理。要在这方面取得效益和效率，关键就是要建立成功的供应商关系。如果供应商成为伙伴，企业可以依靠他们提供新产品的设计、技术支持和质量控制等。

4.4 招标性采购

招标性采购是指招标人首先提出货物、工程或服务采购的条件和要求，邀请众多投标人参加投标，然后按照规定程序从所有投标中评选出中标供应商，与之签订合同的一种采购形式。从采购交易过程来看，它必然包括招标和投标两个最基本的环节。前者是招标人以一定的方式邀请不特定的或一定数量的自然人、法人或其他组织投标；后者是投标人响应招标人的要求参加投标竞争。没有招标，就不会有供应商或承包商的投标；没有投标，采购人的招标就没有得到响应。

招标性采购按形式又分为公开招标采购和邀请招标采购。公开招标采购是指招标人在媒体上公开刊登通告，吸引感兴趣的供应人参加投标，并按程序选定中标人的一种采购方式。邀请招标采购是指招标人向五家以上的潜在投标人发出招标书，然后按规定的程序选定中标人的一种采购方式。

一个完整的竞争性招标采购过程由招标、投标、开标、评标、决标、合同授予等阶段组成。

4.4.1 招标程序及方法

招标程序包括资格预审、准备招标文件、发布招标通告、发售招标文件等。

1. 资格预审

对于大型或复杂的土建工程或成套设备，在正式组织招标前，要对供应商的资格和能力进行预先审查。

2. 准备招标文件

招标文件是供应商准备投标文件和参加投标的依据,同时也是评标的重要依据,因为评标是按照招标文件规定的评标标准和方法进行的。招标文件是签订合同所遵循的依据,招标文件的大部分内容要列入合同。因此,准备招标文件是非常关键的环节,它直接影响到采购的质量和进度。

3. 发布招标通告

采购单位在正式招标前,应在政府采购主管部门指定的媒体上刊登通告。从刊登通告到参加投标要留有充足的时间,让投标供应商有足够的时间准备投标文件。

4. 发售招标文件

招标文件可以直接发售给通过资格预审的供应商。如果没有资格预审程序,招标文件可以发售给任何对招标通告做出反应的供应商。招标文件的发售,可采取邮寄的方式,也可以让供应商或其代理前来购买。如果采取邮寄方式,要求供应商在收到招标文件后告知招标机构。

4.4.2 投标、开标的程序及方法

1. 投标准备

标书发售后至投标前需要做一些准备工作,如对大型工程或复杂设备组织召开标前会和现场考察,按供应商的要求澄清招标文件等。

2. 投标文件的提交

采购单位或招标单位只接受在规定的投标截止日期前由供应商提交的投标文件,截止日期后接到的投标文件拒收,并取消投标资格。

在收到投标文件后,要签收或通知供应商投标文件已经收到。在开标前,所有投标文件都必须密封,妥善保管。投标文件的内容应与招标文件的要求相一致,包括投标函、供应商资格及资信证明文件、投标项目文件及说明、投标价格、投标保证金等。

3. 开标

开标由采购单位或投标代理机构主持,邀请评委、各供应商代表和有关单位代表参加。

开标前,应以公开的方式检查投标文件的密封情况,当众宣读供应商名称、有无撤标情况、提交投标保证金的方式是否符合要求、投标项目的主要内容、投标价格以及其他有价值的内容。开标时,对于投标文件中内容不明确的地方,允许供应商做简要解释,但所做的解释不能超过投标文件记载的范围,或改变投标文件的实质性内容。

开标要做开标记录。其内容包括项目名称、招标号、刊登招标通告的日期、发售招标文件的日期、购买招标文件单位的名称、投标供应商的名称及报价等。

开标应按招标文件规定的时间、地点和程序以公开的方式进行。但在有些情况下,可以暂缓或推迟开标时间,如招标文件发售后对原招标文件做了变更或补充,开标前发现影响采购公正性的违法或不正当行为,采购单位接到质疑或诉讼,出现突发事故,变更或取消采购计划等。

4.4.3 评标、决标的程序及方法

开标后,由采购单位或招标代理机构组建的评标委员会负责评标工作。

1. 初步评定

初评工作比较简单,但却是非常重要的一步。初评的内容包括:供应商资格是否符合要求,投标文件是否完整,是否按规定方式提交了投标保证金,投标文件是否基本上符合招标文件的要求,有无计算上的错误等。只有在初评中确定为基本合格的投标,才有资格进入详细评定阶段。

2. 详细评定

在详细评定阶段,具体方法取决于招标文件中规定的评标标准。总的来说,可分为四种方法,即最低评标价法、综合因素法、寿命周期成本法和投票表决法。

(1)最低评标价法。最低评标价法是指经评定以最低报价作为唯一依据。最低评标价不是指最低报价,它由成本加利润组成,成本部分不仅是设备、材料、产品本身的价格,还应包括运输、安装、售后服务等环节的费用。最低评标价与标底最接近的投标为最优标。

(2)综合因素法。综合因素法是指价格与其他因素综合评价的一种评标方法。在招标文件中,如果价格不是唯一的评标因素,应把其他因素都列出来,并说明各评标因素所占的比例。综合因素法实际上就是打分法,总分最高的投标为最优标。

(3)寿命周期成本法。寿命周期成本法是指通过计算采购项目有效使用期间的基本成本来确定最优标的一种评标方法。具体方法是在标书报价的基础上加上一定年限内运行的各种费用,再减去运行一定年限后的残值。寿命周期成本最低的投标为最优标。

(4)投票表决法。投票表决法是指在评标时如出现两家以上供应商的投标都符合要求但又难以确定最优标时所采取的一种评标方法。获得多数票的投标为最优标。

3. 中标与合同签订

将合同授予最优标供应商,并要求在投标有效期内进行。在向中标供应商发中标通知书时,也要通知其他没有中标的供应商,并及时退还投标保证金。

中标通知书下达后,采购单位和中标供应商应立即开始洽谈并签订合同。这里所说的洽谈,是指在签订合同前相互澄清一些非实质性的技术性或商务性问题。

中标供应商按要求提交了履约保证金并签订合同后,合同就正式生效了,采购工作进入合同实施阶段。

4.5 电子采购

电子采购不同于普通意义的采购,它是由采购方发起的一种不见面的网上采购行为。常见的行为有网上招标、网上竞标、网上谈判等。这种企业之间在网络上进行的招标、竞价、谈判等活动是B2B电子商务,而这其实也只是电子采购的一部分。电子采购在一般的电子商务和采购的基础上有了更多的概念延伸,在完成采购行为的同时利用信息和网络对全过程各环节进行管理,从而有效整合了企业资源,帮助供求双方实现高核心竞争力、低成本的目标。可以说,企业采购电子化是企业运营信息化不可或缺的重要组成部分。电子采购使企业不再采用人工办法购买和销售产品,在这一全新的商业模式下,随着买主和卖主通过电子网络而联系,商业交易开始变得具有无缝性。其自身的显著优势主要有以下几点:

(1)提高了采购效率,缩短了采购周期。采购方企业通过电子采购交易平台进行竞价采购,可以根据采购方企业的要求自由设定交易时间和交易方式,大大地缩短采购周期。自采购方企业竞价采购项目正式开始至竞价结束,一般只需要 1~2 周,较传统招标采购省 30%~60% 的采购时间。

(2) 节约了大量的采购成本。企业通过竞价采购商品的价格平均降幅为 10% 左右,最高可达 40% 多。美国通用电气公司估计通过电子采购每年将节约 100 亿美元。

(3) 优化采购流程。采购流程的电子化不是用计算机和网络技术对原有的方式方法做简单替换,而是要依据更科学的方法重新设计采购流程。

(4) 减少过量的安全库存。海尔集团在实施电子采购后,采购成本大幅降低,仓储面积减少了一半,降低库存资金约 7 亿元,库存资金周转日期从 30 天降低到了 12 天以内。

(5) 实现信息共享。不同企业,包括各个供应商都可以共享信息,这样不但可以了解当时采购、竞标的详细信息,还可以查询以往交易活动的记录。这些记录包括中标、交货、履约等情况,帮助买方全面了解供应商,帮助卖方更清楚地把握市场需求及企业本身在交易活动中的成败得失,积累经验。

(6) 电子采购能帮助采购方改善客户服务和客户满意度,提高供应链绩效以及改善与供应商的关系。

(7) 电子采购不仅使采购企业大大获益,而且让供应商获益。对于供应商,电子采购可以更及时地掌握市场需求,降低销售成本,增进与采购商之间的关系,获得更多的贸易机会。

国内外无数企业实施电子采购的成功经验证明,电子采购在降低成本、提高商业效率方面具有很大的潜力。电子采购的投资收益远远高于已经在企业中占主导地位的其他商业革命,如企业流程再造、策略性采购等。

4.6 供应商关系管理

4.6.1 供应商选择标准

许多成功的企业都已经认识到采购在物流和供应链管理中扮演重要的角色,与供应商的关系是成功的采购战略中的关键。"好的供应商不会从天上掉下来"是一句常被采购人员引用的格言。

正如当今流行的客户关系管理是用来改善与客户的关系一样,供应商关系管理是用来改善与供应链上游供应商的关系的,它致力于实现与供应商建立和维持长久、紧密的伙伴关系。它通过对双方资源和竞争优势的整合来共同开拓市场,扩大市场需求和份额,降低产品前期的高额成本,实现双赢。

即使与供应商建立了伙伴关系或战略联盟,在任何采购情况下,还是需要考虑某些关键的标准。下面将讨论对供应商的评估及选择标准。

供应商的评估与选择应该考察多个方面的因素,包括质量、可靠性、能力、财务和地理位置等。

选择供应商最重要的标准是质量。质量通常是指用户所期望的产品的规格,可以是技术规范、物理或化学性质或设计等。采购人员必须比较客户要求与实际提供的产品质量。实际上,质量还包括一些其他因素,如产品寿命、维修的便利、维护要求、使用的简便等。在当今全面质量管理的环境下,不仅质量标准较高,供应商也必须对质量负有主要的责任。

可靠性包括配送和货物性能的历史记录,是采购人员第二或第三位考虑的因素。为防止由于交货时间超出期望的时间而引起的生产线停产,采购方需要配送能够连贯一致与准时。所采购商品的寿命将直接影响到最终产品的质量、生产商的质量承诺和下一次的销售。最后,采购的公司将卖方的质量保证和索赔步骤看作一项实现可靠性的措施。同时需要注意的是,如果越来越多地依赖于国外供应商,由于距离较远,对可靠性会带来一些影响。

供应商选择的第三个标准是能力,包括潜在供应商的生产设备能力、技术能力、管理和组织能力以及操作控制能力。这些因素显示了供应商准时提供所需物料质量和数量的能力。对供应商评估不仅包括它提供所需物料的能力,还包括供应商在较长时间内一贯坚持满足用户要求的能力。

财务能力是供应商选择的第四个标准。财务不稳定的供应商可能会导致长期持续的物料供应的中断。那些提供关键物料的供应商可能会因宣布破产就导致买方生产中断。在从公路承运人处购买运输服务时,这一标准变得尤为重要,因为这种供应商破产比例极高。

供应商选择因素还可以包括其他方面,当然,这些并不是必要条件。例如,尽管买方可能发现供应商的态度很难定量表示,但态度确实影响对供应商选择的决定。例如,态度不好,可能导致买方对该供应商不予考虑。供应商的形象对其选取也有类似影响。另外,培训支持和包装的重要性将随所购买的物料而定。例如,包装对于购买易破损物料(如玻璃)的买方是重要的,但对于购买像煤这样不易破损的物料的买方则并不重要。企业如果要采购技术性设备,如电脑等,培训支持对于采购企业就很重要,但是如果企业是采购办公用品,培训支持就没什么必要。同样,如果企业要采购技术性设备,供应商是否提供维修服务也很重要。

供应商选择要考虑的另一个因素是地理位置,这个因素提出了是从本地供应商还是从较远的供应商那里采购的问题。运输成本是这个因素中要考虑的一个明显问题。许多因素如履行加急订单的能力、满足交货日期的要求等都支持使用本地的供应商。但是,远距离的供应商可能会提供更低的价格、更强大的技术力量和更高的品质。这也是在当今的全球化环境下,采购方常常要面临的一个选择。

有关供应商选择因素的重要性排序与购买的物料有关。如果购买电脑,则技术能力和培训支持将比价格、交货和保修重要;相反,如果要采购办公用品,就会更强调价格和交货方式了。

4.6.2 供应商的开发

在供应商绩效管理中,我们观察到总有一些供应商的供应绩效无法达到采购组织的要求。如果供应商依靠自身的力量无法达到采购组织改善绩效的要求,但却存在改善的意愿和潜质,这时就需要进行供应商开发。

所谓供应商开发,是指采购组织为帮助供应商提高运营绩效和供应能力以适应自身的采购需求而采取的一系列活动。供应商开发是有效降低所有权总成本的战略举措。

采购组织可以采取各种措施来帮助供应商提高绩效,这些措施包括评估供应商的运营绩效,激励供应商,共同改进采购流程,直接与供应商合作,依靠供应商实现创新,对供应商进行培训等方式。如果有必要,管理供应商的供应商,将触角一直延伸到供应源头。

1. 开发决策

当供应商的绩效不能达到采购组织的要求时,采购组织通常面临以下三种决策:①如果具有改进的潜质,帮助供应商提高绩效,即进行供应商开发。②寻找更有能力的供应商,替换目前的供应商。③将外购改为自制。

对于不同的采购方-供应商合作方式,以上三种决策都有一个合乎逻辑的选择顺序。

对于与其建立了战略联盟关系和一般合作伙伴关系的供应商(即供应战略型、杠杆型、关键型等采购类别的供应商),从所有权总成本的角度思考,第一个选择必然是进行供应商开发。采购组织在此供应商的评估选择过程中已经耗费了大量的时间和成本(属于沉没成本),如果开发成功,所带来的收益足以抵消开发的成本。由于采购类别本身的特点(例如供应商数量有限,转换壁垒高)以及在此基础上确定的合作关系的制约,重新寻找一个更有能力的供应商的成本要比第一种选择高。另外在企业采用业务外包保持战略柔性的今天,回归自制的老路将是一种最无奈的选择。

对于与其建立了稳定交易关系的供应商(即供应策略型采购类别),首先是寻找更有能力的供应商,因为这种做法转换成本低;其次是考虑供应商开发;最后才是自制选择。

2. 开发步骤

供应商开发具有前瞻性。降低采购的所有权总成本仍然是供应商开发的出发点。

(1)分析绩效差距。采购组织根据供应商绩效评分卡,找出供应商实际绩效与采购组织期望绩效之间存在的差距。

(2)与供应商探讨绩效改进的具体方案。在供应商承认存在不足并且有意愿改进绩效的情况下,双方就供应商存在的问题进行探讨,找出需要改进的具体环节,包括产品质量、成本控制、运作流程中的资源分配、技术应用、库存水平、交货速度以及配送能力等内容。在探讨的过程中,努力使双方对方案的焦点问题的认识达成一致,并就问题提出明确的改善目标和计划,以期符合采购组织的要求。计划必须包括投资收益率分析,以及利益分配机制,这样才能调动供应商参与的积极性。

(3)实施改善计划。采购组织主导建设和开展质量团队培训、供应商委员会和供应商论坛等工作;建立相应的供应商原材料、劳动力、管理等成本的数据库,帮助供应商运用价值工程或者价值分析、PDCA(plan-do-check-act)、5S管理分析、6σ分析等工具找出导致浪费、不增值的工序环节;协助供应商进行边际成本及竞争性目标市场的分析,以使供应价格具有竞争优势。

(4)对计划实施结果进行评价。如果有必要,进行新一轮的绩效改进计划。实施,改进,再实施。

研究案例

Krause 公司对供应商的选择

Krause 公司是一家机械与金属片承包商。虽然它在美国各地有许多分支机构,但关于金属制造这部分工作主要还是集中在中西部地区。公司非常强调工艺质量、富有竞争力的价格以及及时交付的能力。而对于其供应商的选择,该公司十分慎重。我们用一个实例来进行了解:某年秋天,公司要在一座新建筑物上安装排气系统,于是在安装排气系统之前,公司中西部地区的采购经理需要对排气导管的供应商进行评估与比较,最后做出采购决策。

夏天的时候,Krause公司就接受委托为总部的研究实验室提供HVAC系统。整个排气系统需要直径为10英寸(1英寸=2.54厘米)的不锈钢管6500英尺(1英尺=30.48厘米)。当Krause公司的成本评估部门准备原始标底时,就计划在中西部分厂自制这种不锈钢管。由于用途特殊,需要的零部件许多都是非标准品,该项目十分复杂。

项目进行到一半的时候,负责金属片生产的副经理认为如果外购不锈钢管,成本可能会比预算低。采购经理也明白这个道理,但他认为一般来说降低成本是以牺牲质量为代价的。而由于实验室排放的空气中存在毒素,该系统的防漏性必然十分关键,必须对每根管子进行测试,确保其完好无损。如果在焊点上发现漏洞,就要当场花很多时间重焊。所以,原材料的成本和质量同样重要。

在原材料的获取渠道方面,采购经理知道,有两种方法可以获得管子:一种是Krause公司按原计划自制管道,成本最低,质量也过得去;另一种就是寻找供应商,以较高成本提供现成的渠道。

1. 采用采购渠道

采购经理首先考虑第一种选择——采购。他对市场进行了完整的调研工作,发现每英尺直径为10英寸的不锈钢管,多数供应商的报价为23~28美元。但有一个供应商每英尺只要价18.20美元,而且这个供应商提供的管子长为20英尺,并且保证质量没问题。另外,他们的管子是圆管。圆管在连接时能节约不少时间,而且还会大大降低焊接失误的可能性。

尽管该选项听起来非常吸引人,但经验丰富的采购经理清楚地知道,不能单凭第一印象就做出重大决策。他还要全面考虑,才能做出明智的选择。

2. 采用自制渠道

采购经理首先取得了自制成本估计所需的全部数据。在自制管道时需要进行的是两个步骤:首先,通过"轧制"工序将一大块钢板塑造成圆管状;然后,用焊接工序将钢管焊接在一起。具体的数据是:制造厚度为10英寸的钢板,每轧一块约耗时6分钟,包括装载和卸载零部件。Krause公司在该道工序使用的设备能卷起长为8英尺的钢板。焊接一段8英尺的管子估计需时10分钟。公司的成本估计中设定的人工工资是每小时32.60美元,由此产生了42%的间接费用。不锈钢管的长度不等,都在100英尺以下,直径则为36英寸、48英寸或60英寸,价格最高的是每磅1.80美元。16英尺长的钢材每平方英尺约重2.5磅。焊接工序需要焊丝和焊接气体。焊丝的成本为每磅5.50美元,每焊接一英尺需要焊丝0.03磅。焊接气体的成本是每焊8英尺钢管需25美分。该项目所需管道的长度多数都超过了8英尺。因此,采购经理认为有必要在自制选项中再加上额外连接的成本。这种连接是要在管子的接口上进行焊接。每次焊接时,工序加备货需时18分钟。

最后,采购经理通过对以上各方面的仔细权衡,认为采用采购渠道的成本较低,而效率也是高的,于是决定选择合适的供应商,采取采购的渠道进行原材料的购置。

Krause公司因其项目的特殊性,在供应商的选择上与通行做法有所不同,主要表现在:①Krause公司与供应商的关系不是非常稳定与长久,主要是因为它要根据自己所承接的项目确定其所需的材料,而每次所承接的项目不同;②Krause公司自己也具备生产项目所需材料的能力,所以必须在自制还是采购上做出选择,而选择时成本和质量是重点考虑的因素;③Krause公司对自制及外购进行了细致的对比分析,以期找到最佳方式。

根据本案例的实际情况，进行供应商管理一般需要抓好以下环节：①需要对资源市场内外的供应商进行广泛全面的调查，以掌握第一手真实可靠的供应商资料；②与合适的供应商进行联系，开发供应商；③对有合作意向的供应商进行考核，力求选出最佳的供应商；④对已顺利通过考核并被选择的供应商按协议或者合同提供相应的服务，然后据此对供应商进行激励与控制。

Krause 公司在供应商选择上虽有其独特的因素，但结合自身实际对其进行选择很值得研究和学习。①具体问题具体分析。在对供应商进行选择时，首先要考虑的是此次采购的物料有何特殊性，与供应商的关系是否会形成长期的合作。②全盘考虑。对能够获取该物料的各种途径进行深入调查和分析计算，进行全面周到的考虑，力图找到最佳渠道。

 思考题

1. 采购过程可以描述为购买商品和服务过程中的一系列活动。简要论述这些活动。
2. 采购过程的效率最大化是组织的一个主要目标。为了确保采购过程效率最大化目标的实现应当采取什么措施？
3. 招标性采购有哪些步骤？需要注意哪些问题？
4. 采购过程的关键环节是供应商的选择。选择过程中通常采用的评价标准是什么？哪一项应当优先考虑？为什么？

第 5 章 库存管理

本章要点

知识要点	掌握程度
库存的作用	了解
库存的分类	了解
库存成本的构成	掌握
定量订购法	重点掌握
供应链条件下的库存管理	重点掌握

导入案例

李老板在某城市经营一家鲜花店,批发和零售各种鲜花。由于花店的地理位置优越,鲜花种类齐全,价格合理,服务又好,花店的生意越来越好。李老板不断扩大进货规模,但问题是鲜花储存的时间比较短,而且占用大量资金和营业面积。如果进货过多,占用资金就多,而且一时卖不掉还有损耗,这样就造成了很大的库存费用。反之,进货过少,又会失去很多生意。李老板真是左右为难,不知所措,他迫切需要掌握顾客具体的需求品种和需求量,用来制定相应的库存策略以降低运营成本,从而应对激烈的市场竞争。

近年来,库存管理受到越来越多的关注,其出发点主要是为了尽可能地减少库存数量。一个公司最理想的是拥有足够的库存来满足用户对产品的需求,而不会由于库存短缺而丧失销售的机会。换句话说,顾客总是希望当他们需要的时候,就能够顺利获得所需的商品,如果顾客不能实现其购买行为,他们就会转而同本公司的竞争者进行交易。但是持有库存的直接成本主要有保险、税收、仓储费用、折旧以及为持有货物而占用的资金。例如,1995 年,电脑元件大幅度降价,以至于康柏计算机公司发现手头价值 200 多亿的库存甚至不能以最初的成本价卖出去。此外,库存数量的增加也会引起总资产的增加,而总资产的增加又会导致投资回报率的下降。投资回报率是一个很重要的财务度量指标。存货的减少通常会提高资产回报率;反之,如果存货增加,而收入又没有增长,则投资回报率会降低。因此,公司并不想在手头上存有太多的库存,公司的最终目标是库存够用就可以而不是太多。

5.1 库存的作用

成熟市场中的许多企业都信奉准时生产(just-in-time,JIT)库存概念。从纯理论的角度来

说,这意味着完全没有库存。更确切地说,货物必须在顾客需要的时候准时到达货架。但是,我们需要认识到的非常重要的一点是,通过持有库存,组织可以实现许多有意义的目标:

1. 稳定生产、经营的规模,获取规模经济效益

例如,为了获得折扣,或者降低运输成本,管理人员可能决定一次性大批量购买某种商品。在购买个人消费品上,价格折扣也是很盛行的。例如,一大盒子的肥皂或大袋装的卫生纸会比小包装的售价要低些。需要注意的是,购买经济和运输经济是彼此互补的,也就是公司购买的原材料或物资数量越大时,其运输的数量也越大,这就可以同时享受运输折扣,因此,公司就成为购买同一货物的两种折扣的受益者。同样,长期生产也可以明显削减制造成本,很多公司认为生产同一种产品的批量越大时,其产品的单位生产成本就越低。在上述情况下,库存作为一种节省物流系统其他部分成本的方法而被广泛使用。但同时,很多公司也认识到大批量带来低的单位成本这一观点并没有考虑到存货的持有成本以及产成品陈旧过时的问题。

2. 调节供求差异,保证生产、经营活动的正常需要

一些厂商也许只在一年的某个时期销售它们的产品。为了充分利用厂房、机器设备等固定资产,并确保拥有稳定的熟练劳动力,管理人员可能决定全年都进行生产,将待售的制成品储存到销售季节再进行销售。

3. 缩短订货周期,缓冲不确定性因素的影响

即便管理人员尽最大的努力预测市场,他们也永远无法完全预知需求的变动。另外,一些突发性事件也是无法预知的:运输工具可能突然出现故障、原材料可能突然短缺、生产线也有突然停止运转的可能等。因此,持有一定量的库存,可以保证即使生产出现了中断,顾客的需求也能够得到满足。

当然,保存存货还有其他一些目的或原因,如保留供应商和员工。例如在需求下降的期间,公司可以通过持续地从供应商那里实施购买产生库存来维持关系或保留员工。

5.2 库存的分类

1. 按照库存的用途进行分类

(1)原材料库存。原材料库存在是指企业通过采购和其他方式取得的用于制造产品并构成产品实体的物品,以及供生产耗用但不构成产品实体的辅助材料、燃料以及外购半成品等,是用于支持企业内制造或装配过程的库存。

(2)在制品库存。在制品库存是指已经过一定生产过程,但尚未全部完工、在销售之前还要进一步加工的中间产品和正在加工的产品。

(3)产成品库存。产成品库存是指已经制造完成并等待装运,可以对外销售的产品的库存。产成品以库存的形式存在的原因是用户在某一特定时期的需求是未知的。

(4)维护、维修、作业用品库存。维护、维修、作业用品库存是指用于维护和维修设备而储存的配件、零件、材料等。这类库存的存在是因为维护和维修某些设备的需求和所花的时间的不确定性,其需求常常是维护计划的一部分。

(5)包装物和低值易耗品库存。包装物和低值易耗品库存是指企业为了包装本企业的产

品而储备的各种包装容器和由于价值低、易损耗等原因而不能作为固定资产的各种劳动资料的储备。

2. 按照库存的目的进行分类

（1）周转库存。周转库存是指经营者为了补充生产或销售过程中已经消耗或销售完的物资而设定的库存，目的是满足一定条件下物资周转的需要，保证生产的顺利进行。

（2）安全库存。安全库存也叫保险库存，是为了防止由于不确定因素（如供应商的延期交货、运输途中的意外事故或市场需求的突然增加等）影响订货需求而设立的缓冲库存，也是为了增强供应能力而刻意增加的额外库存。安全库存量的大小与企业的服务水平有直接的关系，缺货率越低，要求安全库存量就越高，反之亦然。

（3）在途库存。在途库存也称为中转库存，是指正在转移或等待转移的或已经装在运输工具上的存货。目前，在企业的生产经营过程中，尤其是零库存思想的出现，更多的企业越来越重视在途库存小批量、高频率的运输和递送，以实现降低物流成本的目标。

（4）季节性库存。某些物资是季节性供应或产品的销售经常受到季节性因素的影响，为了保证生产和销售的正常进行，需要有一定量的季节性库存，如农产品只有在收获季节才能大量供应，但要满足消费者全年的需求。

（5）投机库存。投机库存是指为了避免因物价上涨造成损失或者为了从商品价格上涨中获得利益而建立的库存，具有投机性质，如期货买卖经营者所持有的库存。某些企业在生产过程中需要使用价格易于波动的物资，如石油、钢材等物资，企业可以在低价时购进而实现成本控制的目标，或对预计以后将要涨价的物资进行额外数量的采购，并从未来销售中获得利益。

（6）呆滞库存。呆滞库存是指已经有一段时间没有需求的物资。呆滞库存可能在任何地方、任何时间都是过时的，也可能只在某一个库存点是过时的。如果是后者，可以将其运到另一个库存点，以避免完全作废。

3. 按照库存物品所处的状态进行分类

（1）静态库存。静态库存是指长期或暂时处于储存状态的库存。这是人们一般意义上认识的库存。

（2）动态库存。广义的库存，不仅是指长期或暂时处于储存状态的库存，而且包括处于制造加工状态或运输状态的库存。

4. ABC 分类法

通用电气公司的 H. Ford Dicky 首先认识到要根据库存项的重要性来对其进行排序。他建议通用应根据相对销售量、现金流、订货周期或成本来对库存进行分类，他使用现在称之为 ABC 分析的方法实施他的特殊分类规划。这个系统根据库存项的相对影响和价值，分为三组。例如，那些被认为具有最大的影响或价值的库存项构成 A 组，而影响或价值相对次要的分别构成 B 组和 C 组。

实际上，ABC 分析方法来自于将"微不足道的多数"和"重要的少数"分开的帕累托定律，这在库存上暗示着相对数目比较少的库存单位（SKU），有可能具有相当大的影响或价值。帕累托提出，很多情况均由少数几个关键的因素所主宰。相比较而言，人类成员的个性都是不同的，他的占总数相对很少的一部分却在总的影响力或价值上占很大一部分比重的原理，被称之为"80/20 法则"，而有人发现这个法则在很多情况下都很适用。

例如：在营销研究中可能会发现，一个公司20%消费者占其销售额的80%；或者一所大学也会发现，其课程中的20%能占据学生学时的80%；或者一项研究也能发现，一个城市人口的20%能占到其罪犯的80%。尽管实际百分比会根据具体情况而略有不同，但"80/20法则"通常都是适用的。

图5-1解释了用于库存管理的ABC分析方法。这个图表明产品线上只占20%的产品项，却占总销售额的80%，构成这20%的产品项称之为A类产品，B类产品大约占到产品项的50%，最终C类代表了其余30%的产品项，它们只约占销售额的5%。

这里有一系列理由说明B类和C类产品也是不容忽视的：有时，对B类和C类产品的使用是对使用A类产品的补充，这意味着B类和C类产品是销售A类产品所必需的；或者，在某些情况下，C类产品有可能是期望在未来获得成功的新产品；在另外一些情况下，尽管C类产品只占销售额的一小部分，但利润却很高。

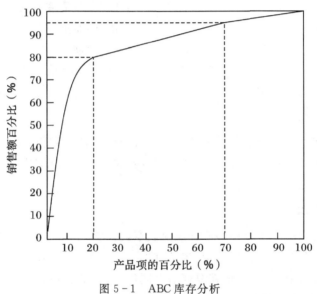

图5-1　ABC库存分析

5.3　库存成本的构成

库存一定要有利于增强企业的盈利能力。为实现这一目标，管理人员必须正确决定订货的时间、订货的种类以及订货数量，以在满足顾客需要的前提下，使相关成本最小化。为了更好地理解库存管理的目标，我们首先来看看库存会带来哪些成本。

在设置库存水平和制定库存决策时，物流管理人员应考虑相关的成本信息，这些成本主要包括储存成本、取得成本、缺货成本。

5.3.1　储存成本

储存成本是指诸如存储、处理、保险、税收、折旧、偷盗、利息等费用。储存成本有四个方面的主要内容，即资本成本、储藏空间成本、库存服务成本和存货风险成本。

1. 资本成本

资本成本有时也叫作利息或机会成本,这种成本类型侧重于企业用于库存的资本所产生的机会成本。换句话说,资本成本是指本来可以用在其他值得做的项目上,但是却用在投资库存上的资本的潜在价值。

资本成本常常是存货持有成本的最大的一个方面,企业通常把它表示成为其持有存货的现金价值的百分比。例如,一个产品价值200元,其20%的资本成本等于200×20%,即40元。同样,如果产品价值是300元,那么资本成本是60元。

2. 储藏空间成本

储藏空间成本包括把产品运进和运出仓库所发生的搬运成本,以及诸如租金、取暖和照明等仓库成本。这些费用根据情况各异变化相当大。例如,企业通常能直接从铁路车厢中卸下原材料,并可以露天储存,而产成品则需要小心搬运,并需要更高要求的存储设备。

储藏空间成本随库存水平的变化而提高或降低。因此,企业在估算空间成本的时候,不仅要把固定成本计算在内,还应该把变动成本也包括进来。例如,一个公司如果使用公共仓库,所有的搬运和储存成本直接随储存货物的数量而变化,但若采用私人仓库,则部分储藏的空间成本如建筑物的折旧等是固定的。

3. 库存服务成本

库存服务成本包括保险和税收带来的成本。根据产品价值和类型,丢失和破损的风险需要很高的保险费。因此,很多地方对库存产品征收税赋。保险和税收依产品不同而不同,在确定存货持有成本时必须考虑这一点。

4. 库存风险成本

存货持有成本的最后一个方面即库存风险成本,它反映了存货的现金价值下降的可能性,这种可能性远远超出了公司的控制范围,包括陈旧、破损、丢失、被盗等。例如,库存的商品存放了一段时间就可能过时,因此价值就要贬值。同样,一旦到了销售季节的中期或过季,时装的价值就要迅速贬值,新鲜水果和蔬菜一旦不新鲜了,价格也会下降。

5.3.2 取得成本

取得成本包括订购成本和购入成本。

1. 订购成本

订购成本是指为了订购货物所发生的成本,它包括手续费、催货跟踪费(如有关催促、跟踪所订货物的电话、传真、差旅费及押运费等)、收货费(如有关货物的验收、入库费和货款支付的手续费等)、有关人员的工资费用等。每次订货的订购成本称为订购费率,它的大小基本上与每批货物的订购数量无关,相对于订购批量而言,它是相对固定的。

2. 购入成本

购入成本是指为了在预定地点(如仓库)获得货物的所有权和使用权而发生的成本,即货物本身的成本,也称货物成本或购置成本。它包括货物的售价、运输装卸费及装运过程中的损耗等。

5.3.3 缺货成本

另一个对制定库存决策比较重要的是缺货成本,即当用户需要或有需求时没有产品供应而产生的成本。如果一种产品没有存货而进行销售,用户就要等待直至有货,或者转而购买竞争对手的产品,这样就会使得公司由于缺货而损失利润。如果一个公司很长一段时间都出现这样的情况,就会把某个客户让给了竞争对手,这种利润的损失虽然是非直接的,但会持续得更长久。从供应方来看,缺货会导致缺少新材料或半成品或零部件,这意味着机器的闲置,甚至导致整个生产设备的关闭。

面临缺货可能的大多数公司,都要考虑建立安全库存,以预防需求或再供应所需的交纳周期(即提前期)的不确定性。测算跟不同的安全存货水平相关的持有成本与测算总的持有成本的方法是一样的,但是由于安全库存天生就比常态库存风险大,它的持有成本肯定会更高。确定安全库存水平的大部分决策都涉及概率分析,在不确定条件下讨论如何制定存货决策时,就强调了这一点。

直接确定安全库存的持有成本相对来说较容易,而确定由于库存缺货而丧失销售的成本就更困难了。

5.4 定量订购法

定量订购法是指在每一次再订货的时候订购固定数量的产品。应用这种方法的公司一般应该设定一个最小的库存水平,以便决定什么时候应该再订购固定批量的产品,一般称其为再订货点。当库存物品的数量达到了事先确定的水平,定量订购系统就会自动补充订货。也就是说,这个事先确定的订购水平引发了下一次订购行为。

有些时候,公司称这种定量订购法为"双箱"系统。当第一个箱子中的货物空了,公司就下订单。第二个箱子里面的存货数量表明了公司在下一次的订货到来以前需要多少存货。这两个概念意味着当手头的存货降低到事前确定的数量时,公司就应该再订货了。订购的数量取决于产品的成本和需求,以及产品的持有和再订货成本。库存的订购水平取决于新订货所花费的时间,以及在此期间这种产品的需求情况或销售速度,例如,如果订货需要一个星期才能到货,并且公司每天销售10单位的此产品,那么公司的再订货点就是70单位(7天×10单位/天)。

图5-2表明了定量订购模型。图中显示了三个存货循环或周期。每个周期都是从4000单位的货物开始,订购或者生产固定的批量,并且在现有的库存降低到1500单位的时候才重新订货。假设需求或者使用速度以及提前期时间长短是不变的,并且是事先已知的,那么每一个周期长度稳定在五周。这是在确定条件下使用定量订购模型的一个例子。

正像我们前面所说的,建立一个再订货点就提供了一个信号,提醒公司重新订购固定批量的货物。例如,大多数人对汽油购买量设定了再订货点。在旅途中,当汽车量表显示油箱里只剩下八分之一的汽油时,人们就会停下来加油了。或者,人们会等到指示灯亮起,显示汽油供应已经达到最少量时才去加油。

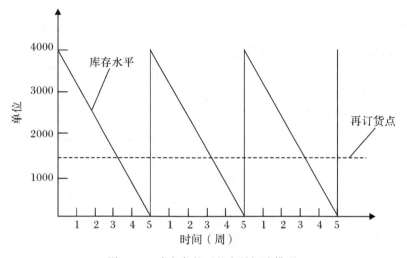

图 5-2　确定条件下的定量订购模型

企业每次订货数量的多少直接关系到库存的水平和库存总费用的大小,因此,企业希望找到一个合适的订货数量使它的库存总费用最小。众所周知,由于订货量与仓储量之间即订货费与储存费之间存在矛盾,小批次、大批量意味着订货费降低而储存费增加,反之亦然。如何解决这一矛盾,实现总库存费用最低?经济批量(economic order quantity,EOQ)模型能满足这一要求。经济批量模型就是通过平衡采购进货费用和保管仓储费用,确定一个最佳的订货数量来实现最低总库存费用的方法。

1. EOQ 模型的基本假设

(1) 持续的、不变的和已知的需求速率;
(2) 不变的和已知的补货或者提前期;
(3) 所有的需求都得以满足;
(4) 不变的价格或者成本,不随订购批量和时间的变化而变化(例如采购价或运输成本);
(5) 没有在途存货;
(6) 只有一种库存物品或者物品之间不存在相互影响;
(7) 计划期限无限长;
(8) 不存在可用资本的限制。

鉴于以上的假设,在简单的 EOQ 模型里我们只考虑基本的两种类型的成本,即储存成本和订货成本。这个简单模型的分析在这两种费用之间进行平衡(见图 5-3)。

2. 数学公式

应用以下的变量,我们可以将 EOQ 模型用标准的数学形式表示出来:
若以 TC 表示存货总成本,则有

$$TC = DU + \frac{D}{Q}K + \frac{1}{2}QC + C_s$$

式中:
D——年需求量;
U——单位产品成本(单价);

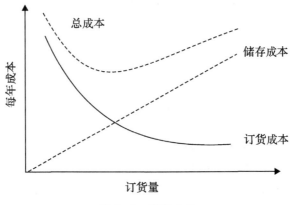

图 5-3 库存成本

Q——每次订货的批量大小（单位）；
K——每次订货成本；
C——单位存货年储存成本；
C_S——缺货成本。

图 5-4 所示为锯齿模型，标记为 Q 的垂直线表示的是在某一时间的订货量，以及在每一个订货周期开始时的存货数量。在订货周期（t）内，公司以斜线表示的消耗速度使用了现有的存货。需求是已知并且是恒定的，公司在这一周期内以相同的斜率使用存货。这一周期内现有的平均存货量影响它的持有成本。在需求恒定的条件下，现有的平均存货量仅仅是最初数量（Q）的一半。图 5-4 中的水平虚线代表了平均库存。假设 Q 是 100，每天消耗 10 单位，那么这些库存可以用 10 天，在这期间的中点，也就是 5 天之后，就会剩余 50 单位的存货，也就是 Q 的一半。

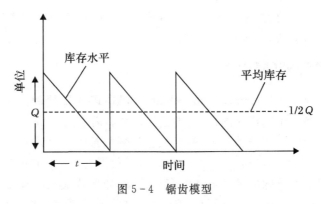

图 5-4 锯齿模型

Q 的数量越大，库存的持有成本就越高，即增加的持有成本是随着更大库存批量或订货产生的。更大的订货量会持续更长的时间，也因此增加了持有成本。

等式中等号右边的第二项表示的是订货成本。我们再一次假设每一次的订货成本是恒定不变的，所以，如果 Q 增加了，而每年的需求又是恒定的，则每年的订货次数就变少了。由此得出结论，更大的订货量将会降低每年的订货成本。

为了在持有成本和订货成本之间进行平衡，我们可以通过 TC 函数对 Q 进行求导来确定 Q 的值。

$$\min TC = DU + \frac{D}{Q}K + \frac{1}{2}QC$$

对其求导，可得：

$$EOQ = \sqrt{\frac{2DK}{C}}$$

3. 再订货点(reorder point)的确定

弄清出何时订购与订购多少是同等必要的。"何时"通常称为再订货点，取决于存货的水平，也就是库存单位的数量。在确定的假设下，一个公司仅需维持足够量的在补货期或提前期内所使用的存货。前置期（或者订货周期、备货周期）是指从发出订单到收到该批新订购货物之间所花费的时间，它包括订单传送、订单处理、订单准备和订单传送四个阶段。

因此，给定一个已知的提前期，用每日需求乘以提前期的时间长度，就能够确定再订货点。举例：假定订货传送需要 1 天，订货处理和准备需要 3 天，配送需要 6 天，这造成了补货期或提前期总共是 10 天。假定每天的需求是 10 单位，再订货点将是 100 单位(10 天×10 单位/天)。

例 5-1： 一家大型公司的维修部每年消耗约 732 罐液体清洁剂。订货成本是每次 45 元，储存成本为每年每罐 15 元，则确定的最优订货批量为：

$$EOQ = \sqrt{\frac{2DK}{C}} = \sqrt{\frac{2 \times 732 \times 45}{15}} = 66(\text{罐})$$

5.5 供应链条件下的库存管理

在这个部分，我们将分析其他几种与供应链管理有关的存货控制方法：MRP、DRP、JIT 以及一些新型的库存管理方法，如 VMI 和 JMI 等。

5.5.1 物料需求计划(MRP)

物料需求计划(materials requirements planning, MRP)主要处理由某种特定的最终产品的需求所决定的原材料和中间产品的供应，即适用于从属需求的物品。MRP 系统从确定客户需要多少最终产品和何时需要开始着手，然后根据计划的最终产品需求，MRP 引发了部件需求。MRP 系统包括一系列逻辑相关的过程、决策程序和相关记录。它的目标是将库存量降低到由主要的生产进度表所反映的顾客需要的商品数量，即保持最低的存货水平。主要的生产进度表会牵动公司其他部门的需求，因此 MRP 也被称为牵引系统。换言之，生产进度表拉动系统中的其他部门，使它们为满足生产的需要服务。图 5-5 表明了 MRP 系统如何通过使用这些关键要素进行操作。

1. 主生产作业计划(MPS)

主生产作业计划(master production schedule, MPS)基于实际的客户订单和需求预测，它驱动着整个 MRP 系统。MPS 详细描述了公司必须制造或装配的最终产品以及客户何时需要这些产品。

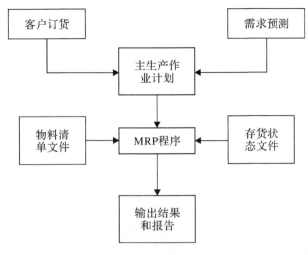

图 5-5 MRP 系统

2. 物料清单文件(BMF)

正如食谱详细说明一个蛋糕所需要的原料一样,物料清单文件(bill of materials file, BMF)说明了制造或装配最终产品所需要的原材料、部件和组件的确切数量,以及各种投入物品何时必须到位。这个文件还能识别各种投入物之间的关系以及表明它们在生产最终产品时的相对重要性。

3. 存货状态文件(ISF)

存货状态文件(inventory status file, ISF)进行存货记录,这样公司可以从总需求中扣除现有的数量,因此在任何时候都可以确定净需求。它还包括像某种物品和提前期所需的安全库存这样的重要信息,ISF 在保持 MPS 和帮助使库存达到最小化过程中起着关键作用。

4. MRP 程序

MRP 程序首先把最终产品的需求转换为对各个零件和其他物料的总需求,然后计算基于存货状态文件中信息的净需求,以及下达订单订购生产或装配过程中必须投入的物料。订单对所需要的物料的具体批量和定时的需要做出反应。

5. 输出结果和报告

在公司完成 MRP 程序后,几种基本的输出结果和报告将会有助于管理者了解物流、制造和装配活动的情况。其中包含诸如公司应该订购的批量和订购的时间以及 MRP 系统状态等信息,这些报告对控制 MRP 系统来说非常关键。

6. MRP 系统实例

为了更充分地理解 MRP,我们来考虑一个装配煮蛋计时器的公司。假定根据主生产作业计划,公司想要装配一个煮蛋计时器成品,在八周以后运送给客户。MRP 应用过程如图 5-6 所示。

图 5-6 表明了装配一个煮蛋计时器的物料清单。一个产成品包括两个底盘、一个球状物、三个支撑物和一克沙子。图 5-6 表明公司在装配煮蛋计时器之前必须加一克沙子到球状物中。

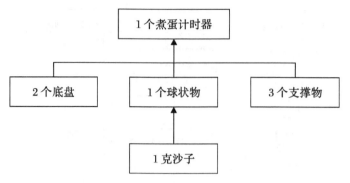

图 5-6 零件与产成品之间的关系

表 5-1 展示了煮蛋计时器实例中的存货状态文件,计算了总需求和现有存货数量的净需求,并标注了每一个部件的提前期。一旦所有的部件都准备齐全了,装配一个煮蛋计时器成品所需要的时间为一周。

表 5-1 存货状态文件

产品	总需求	现有存货	净需求	提前期（周）
煮蛋计时器	1	0	1	1
底盘	2	0	2	5
支撑物	3	2	1	1
球状物	1	0	1	1
沙子	1	0	1	4

最后,图 5-7 是所有与订购和接受部件以及装配煮蛋计时器成品相关的活动的主生产作业计划。由于公司必须装配完煮蛋计时器并在八周后送到顾客手中,因此在第七周时应准备好适当的零件批量。

例如,对于需要五周提前期的两个底盘来说,公司必须在第二周订购。而对于只需要一周提前期的支撑物来说,公司应在第六周下达订单。最后,公司为了能够在第七周送货必须在第六周订购球状物,并且在第二周订购沙子以便在第六周能够送到。

这个例子说明了基于 MRP 的方法与存货计划和库存控制之间是如何联系的。实际上,MRP 程序本身会执行上述涉及计算过程。一旦程序制订了主生产作业计划,报告将会以一种适合管理者使用的格式来描述这些信息。公司会按照它所描述的所需零件的批量和时间进行订购。

MRP 代表了一种"推式"方法,在很大程度上,这种方法促进了购买订单和生产订单的发展。通常,MRP 主要应用于零件和物料的需求取决于一些明确的最终产品需求的情况。近年来,制造资源计划（MRPⅡ）是比单单一个 MRP 内容更加广泛的工具。虽然 MRP 在 MRPⅡ 中是一个关键步骤,但 MRPⅡ 可以让公司整合财务计划和经营/物流活动。MRPⅡ 是用来计划和管理所有的组织资源,对于组织所有的计划职能部门来说,远超出存货甚至是生产控制的

煮蛋计时器(LT=1)	1	2	3	4	5	6	7	8
所需的批量								1
生产计划							1	

底盘(LT=5)	1	2	3	4	5	6	7	8
总需求							2	
现有存货	0	0	0	0	0	0	0	
计划入库							2	
计划下达订单		2						

支撑物(LT=1)	1	2	3	4	5	6	7	8
总需求							3	
现有存货	2	2	2	2	2	2	2	
计划入库							1	
计划下达订单						1		

球状物(LT=1)	1	2	3	4	5	6	7	8
总需求							1	
现有存货	0	0	0	0	0	0	0	
计划入库							1	
计划下达订单						1		

沙子(LT=4)	1	2	3	4	5	6	7	8
总需求						1		
现有存货	0	0	0	0	0	0		
计划入库						1		
计划下达订单		1						

图 5-7 主生产计划

一种技术。它是一种整体论的计划技术,能够使公司所有的职能领域组成一个统一体。它通过实现更少的产品短缺或者缺货来改善客户服务,取得更好的配送绩效,以及对需求的变化反应更加灵敏。

5.5.2 配送资源计划(DRP)

配送资源计划(distribution resource planning,DRP)是广泛运用于产品销售物流系统的潜在的功能强大的技术,它能确定恰当的存货水平。配送资源计划实际运用的成功,表明公司能改进客户服务(减少缺货发生)、减少产品的总体存货水平、减少运输成本、改进物流中心的运作。由于以上潜在能力,配送资源计划受到了越来越多制造公司的重视。

配送资源计划被用于 MRP 系统,目的是使原材料存货最小。尤其在汽车制造中,需要大量的零部件,用于组装成品的各种零部件一般有不同的备货时间。因此,配送资源计划联结总体生产计划,它指出每天生产的零部件和生产的顺序,这一计划作为预测实际零件需求量与需求时间,当总体生产计划与每一零部件的备货时间相结合时,则可以制订一个有关何时每一零部件必须订购的计划。它与实际存货状态相对,能比较确定满足生产计划的数量。

MRP 把存货减少到能满足反映市场客户需求的生产计划。如果生产计划没有满足需求,公司某些零部件就会太多,而另一些部件就会太少。

配送资源计划是一种适用于流通企业进行库存控制的方式。在这种方式下,企业可以根据用户的需求计划制订订货计划,从而确定恰当的库存水平,有效地进行库存控制。配送资源计划的实际应用表明:流通企业能够改进客户服务(减少缺货现象的发生、加快响应客户需求的速度等),降低产品的总体库存水平,减少运输成本,改善物流中心的运作状况。由于以上的好处,配送资源计划受到了越来越多的流通企业的重视。

实施 DRP 时,要输入三个文件(见图 5-8),具体包括:①社会需求文件,由订货单、提货单和市场需求预测等数据整理而成;②供应商货源文件,提供有关供应商的供应批量、备货期等有关信息;③库存文件和在途文件,前者提供本企业仓库中现有各种商品的库存数量的信息,而后者则提供此前向供应商发出订单订购,而目前已在运输途中的商品数量、到货时间等信息。根据这三个文件,DRP 系统根据事先确定的逻辑及参数,给出两个计划文件:①订货进货计划,根据用户需求、库存、供应商供货情况以及物流优化原则,确定向供应商发出订单的时间以及订购数量;②送货计划,按照用户需求的品种、数量、时间和送货提前期以及物流优化原则,确定送货时间和送货数量。

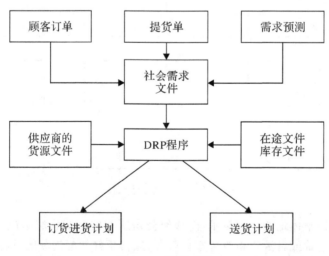

图 5-8 DRP 系统

DRP 对每一个库存单位(SKU)需求做出预测,其考虑因素包括:每一库存单位需求预测、当前库存水平——当前库存量(BOH),目前安全库存量(SS),订货批量(Q)以及前置期(LT)。DRP 最基本的工具就是明细表,它用于协调整个计划范围内的需求,具有许多项目,如 SKU 预测、BOH、计划接收、计划订购等。

为了形象地说明 DRP 是如何运作的，我们举一个实际的例子。某全国分销配送中心为武汉地区分销中心供应货物，武汉分销中心的 DRP 如表 5-2 所示。

表 5-2 武汉分销中心 DRP

当前库存量 $BOH=352$　　　　　　　　前置期 $LT=2$ 周
安全库存量 $SS=50$　　　　　　　　　订货批量 $Q=500$

	当前库存量（个）	周次							
		1	2	3	4	5	6	7	8
预计需求（个）		50	50	60	70	80	70	60	50
计划收货（个）						500			
余额预期（个）	352	302	252	192	122	542	472	412	362
计划订单（个）				500					

武汉分销中心该货物的安全库存量为 50 个、前置期为 2 周、订货批量为 500 个。也就是说，在库存量将要下降到 50 个以下的那周必须要补充一批货物。因此，此前两周必须发出订单，每次向全国分销中心订购 500 个。一共对 8 周的需求进行预测。武汉分销中心当前的库存量是 352 个，它不断地被消耗，预计到第 5 周的时候将只有 42 个（第 4 周的库存余额 122 个减去第 5 周的需求 80 个），此时会出现低于安全库存量的现象（42＜50）。为了防止出现上述结果，必须在第 3 周（第 5 周减去前置期 2 周）就启动订货程序。正如预测的那样，在第 5 周的时候将收到一批补货，其数量是 500 个，该周周末库存余额将变成 542 个。

5.5.3 准时制生产方式（JIT）

20 世纪 90 年代初期，丰田汽车公司发展了一套新的生产策略，即看板系统。看板指的是安装在日本工厂内运送少量所需部件与其他物料的手推车上的信息指示牌。每一块指示牌精确地记录着必需的补货数量和再供应活动发生的确切时间。这种策略几乎不需要库存，并且还缩短了周转时间，提高了产品质量，消除了供应系统中的不必要浪费和成本。

有四个主要的要素支持准时制生产概念：零库存、简短的提前期、小且频繁的补货批量及高质量或零缺陷。JIT 这种现代配送、生产、库存和进度管理方法，是一种基于在公司需要物料的精确时间内配送确切数量物料的操作性概念，做到库存成本最小化。

JIT 系统操作的方式非常类似于双箱或再订货点系统。双箱系统用其中一个箱子满足部分需求，当这只箱子清空时，第二只箱子供应这部分需求。丰田公司成功地运用了此系统，这主要归功于它的主生产作业计划，其目的是以组装所有零件的顺序，为每一个产品和每一天规定进度。运用简短的生产流程来生产这些产品能满足对供应品和部件相对持续的需求。理论上，理想的批量大小或订货量大小对于基于 JIT 的系统来说，应是 1 个单位。很明显，这将鼓励公司缩减或消除订货成本。JIT 方式从本质上来说是一种拉式系统，因为只有当公司现有的库存达到一定的程度时，才会订购更多的存货，这样就可以根据系统需要来拉动库存。

与其他存货管理方法相比较，JIT 系统通常与较短的生产流程相联系，它需要生产和制造活动不断地从一个产品转到下一个产品。JIT 在公司需要的时间和需要的地点运送物料和部件，使得等待时间达到最小化。事实上，JIT 系统把制造与组装以及时的方式与原材料物流综合起来。JIT 概念要求买者和卖者之间有一个强有力的相互承诺,强调为双方谋求一个双赢的决策。JIT 的成功必须让整个分销渠道(甚至供应链渠道)的存货最小化。如果公司仅仅是把存货推回给另一个渠道,JIT 就不会成功。

更新、反应更加灵敏的方法正在迅速发展。例如 MRPⅡ和 JIT 的结合(称为 MRPⅢ),是对物流制造和整个公司的一种潜在价值的开发。

5.5.4 供应商管理库存(VMI)

近年来,在国外出现了一种新的供应链库存管理方法——供应商管理库存(vendor managed inventory,VMI),这种库存管理策略打破了传统的各自为政的库存管理模式,体现了供应链的集成化管理思想,适应了市场变化的要求,是一种新的有代表性的库存管理方法。

关于 VMI 的定义,国外有学者认为,VMI 是一种在客户和供应商之间的合作性策略,以彼此的最低成本来优化产品的可得性,在一个达成共识的目标框架下由供应商管理库存,对其进行监督并修正完善,以产生一种持续改进的环境。还有些学者认为,VMI 是一种库存管理方案,以掌握零售商销售资料和库存作为解决市场需求预测和库存补货的方法。因此,设计并开发合理的 VMI 系统,不仅可以降低库存量,改善库存周转,进而保持库存水平的最优化,还能保证供应商和用户共享信息,从而改善双方的需求预测、补货计划、促销管理和装运计划等。

例如,一个供应商用库存应付不可预测或某用户不稳定(这里的用户指分销商或批发商)的需求,用户也设立库存应付不稳定的内部需求或供应链的不稳定性。供应链中各节点成员为保证各自的利益,根据各自的需要独立运作,导致重复建立库存,影响供应链的优化运行,最终无法达到供应链全局的最低成本。

完善的 VMI 可以增强企业的竞争力,提供更精确的预测、更好的计划生产进度,实施更有效的配送,降低运营成本、库存量与库存维持费用;客户可以获得更高水平的服务、更高的信息透明度。

5.5.5 联合库存管理(JMI)

联合库存管理(jointly managed inventory,JMI),是一种在 VMI 的基础上发展起来的上游企业和下游企业权利责任平衡和风险共担的库存管理模式。

联合库存管理强调供应链中各个节点同时参与,共同制订库存计划,使供应链过程中的每个库存管理者都从相互之间的协调性考虑,保证供应链各个节点之间的库存管理者对需求的预期保持一致,从而消除了需求变异放大现象。

联合库存管理,其思想来源于分销中心的联合库存功能。采用地区分销中心的销售模式后,各个经销商只需少量的库存,而大量的库存由地区分销中心储备,从而减轻各个分销商的库存压力。分销中心起到了联合库存管理的职能,它既是一个商品的联合库存中心,又是需求信息的交流和传递中枢。基于这种思想,对现有的供应链库存管理模型进行拓展和重构,提出了联合库存管理新模式——基于协调中心的联合库存管理系统。

联合库存管理和 VMI 不同,它强调双方同时参与,共同制订库存计划,供应链过程中的每个库存管理者(供应商、制造商、分销商)相互协调,使得供应链相邻的两个节点间的库存管理者的需求保持一致,最终消除需求变异放大的现象。

联合库存管理为实现供应链的同步化运作提供了条件和保证;减少供应链中的需求扭曲

现象,降低库存的不确定性,提高供应链的稳定性;为改进供应链管理水平提供依据,为实现零库存管理、准时采购和精细供应链管理创造条件。

研究案例

家乐福的库存管理对策

1. 家乐福超市的库存管理现状

1)家乐福超市的经营模式

家乐福采取的是组合供应商物流系统的方法,即充分依托供应商的物流系统,这样便可以大大降低自己的营运成本,又可以配合在不同地区的门店适时地组织商品供应和配送,从而赢得了在中国内地市场的发展速度。家乐福采用供应商直供的模式——由于家乐福的选址绝大部分都集中在上海、北京、天津及内陆各省会城市,且强调的是"充分授权,以店长为核心"的运营模式,因此商品的配送基本都以供应商直送为主。

2)家乐福的 VMI 管理经验

VMI 是 ECR(有效客户反应)中的一项运作模式或管理策略,主要的概念是供货商依据实际销售及安全库存的需求,替零售商下订单或补货,而实际销售的需求则是供货商依据由零售商提供每日的库存与销售资料并以统计等方式预估而来的,整个运作上通常供货商具有一套管理的系统来做处理。

家乐福公司和雀巢公司在确定了亲密伙伴关系的基础上,采用各种信息技术,由雀巢为家乐福管理它所生产产品的库存。雀巢为此专门引进了一套 VMI 信息管理系统,家乐福也及时为雀巢提供其产品销售的 POS 数据和库存情况,通过集成双方的管理信息系统,经由 Internet/EDI 交换信息,就能及时掌握客户的真实需求。

家乐福的订货业务情况为:每天 9:30 以前,家乐福把货物售出与现有库存的信息用电子形式传送给雀巢公司;9:30—10:30,雀巢公司将收到的数据合并至供应链管理 SCM 系统中,并产生预估的订货需求,系统将此需求量传输到后端的 ERP 系统中,依实际库存量计算出可行的订货量;10:30,雀巢公司再将该建议订单用电子形式传送给家乐福;10:30—11:00,家乐福公司确认订单并对数量与产品项目进行必要的修改之后回传至雀巢公司;11:00—11:30,雀巢公司依照确认后的订单进行拣货与出货,并按照订单规定的时间交货。如此的做法可大幅改进供货商面对市场的响应时间,进而较早地得知准确的市场销售信息,降低供货商与零售商用以应对市场变化而产生的不必要库存,还可以提早引进与生产市场所需商品,降低缺货率。

但实际上,因供货商与零售商的价格对立关系以及系统和运作方式的不同,而需要一段较长的时间来合作运用。经过半年的 VMI 实际运作后,雀巢公司对家乐福配送中心产品的到货率由原来的 80%左右提升至 90%。家乐福配送中心对零售店铺产品到货率也由 70%提升至 90%左右,并仍在继续改善中。库存天数由原来的 25 天左右下降至 15 天以下,在订单修改方面也由 60%~70%下降至现在的 10%以下,每日销售额则上升了 20%左右。雀巢公司也更容易掌握家乐福公司的销售资料和库存动态,以更好地进行市场需求预测和采取有效的库存补货计划,解决了其好卖商品经常缺货,而不畅销的商品却有很多存货的问题,降低了成本。

3)家乐福超市库存管理中的问题

(1) 与供应商信息传递不透明。家乐福与供应商之间的关系尚不够协调,信息传递尚不够透明。超市与供应商关系协调的目的是使满足一定服务质量要求的信息可以流畅地在供应链中传递,从而使整个供应链能够根据用户的要求步调一致,形成更为合理的供需关系,适应复杂多变的市场环境。但是,超市与供应商之间,组织关系的协调涉及更多的利益,相互之间的信息透明度往往不高,在这样的情况下,超市不得不维持一个较高的安全库存,并为此付出了较高的代价。

(2) 库存管理系统不够完善。目前家乐福超市的库存管理系统还不具备专业性,功能也并不强大,各个区域系统相互独立,口径不统一,造成资源的极大浪费。虽然仓库里面有货架,但负责搬卸、移动货物的升降式叉车很少,只能靠人工搬卸,叉车也都只是手动搬运叉车。这样使库房的空间无法得到充分利用,使单位储藏成本居高不下。同时,库房管理人员的素质较低、工作随意性强,对货物码放的专业知识了解较少,从而使货物的码放往往处于一种无序的状态,缺乏明显的分类。

(3) 库存控制过于简单。企业库存控制的目的是保证供应链运行的连续性和应付不确定的需求。目前,家乐福超市对其所有的物品均采用统一的库存控制策略,物品的分类没有反映供应与需求中的不确定性。在这种传统的库存控制策略中,多数超市采用的信息基本上来自企业内部,不能根据不同的供应商制定不同的措施,其库存控制没有体现供应链管理的思想。

因此,如何选择有效的库存控制方法以体现供应链管理的思想,是众多超市库存管理的重要内容。

2. 家乐福库存管理对策

1)超市解决库存管理问题的具体措施

(1) 与供应商信息传递不透明的对策。

①使用供应商管理库存方法。超市可以使用供应商管理库存方法。该方法是指供应商在用户的允许下,管理用户的库存,由供应商决定每一种商品的库存水平和维持这些库存水平的策略。这种建立在零售商-供应商伙伴关系基础上的供应商库存管理方法,能使供需双方有效地实现信息共享,从而降低整条供应链的库存水平,降低库存成本。超市使用这种库存管理方法,还能促使供应商为自己提供更高水平的服务,加速自身资金和物资周转,并使供需双方能共享利益,实现双赢。

②联合库存管理方法。超市也可以尝试另一种库存管理方法,那就是联合库存管理方法。联合库存管理是建立在经销商一体化基础之上的一种风险分担的库存管理模式,它强调供需双方同时参与,共同制订库存控制计划,使供需双方能相互协调。与传统的库存管理方法不同,联合库存管理是由制造商安装一个基于计算机的信息系统,通过该系统,超市可以与制造商的其他经销商建立联系,通过该系统查看其他经销商的库存;超市在库存短缺时就可以在制造商的协调下,就近与其他经销商达成补货协议,使超市的库存成本降低。

(2) 库存管理系统不完善的对策。

①创新条码技术。采用传统手工作业方式,超市在信息采集量加大的情形下,因为不能及时反馈信息,从而给收发作业造成一定的困难。因此,超市应该科学地创新条码技术。同时配合仓库信息管理系统进行作业,这样不仅可以提高工作效率,降低作业强度,还可以大大提高商品收发作业的准确率,进而实现仓库管理的全面自动化。

②注重新设备在库存管理中的应用。设备是超市库存管理的重要组成部分,超市应当根据自身特点与管理现状,加快内部物流设施设备的更新,推广高新技术在库存管理中的应用,同时要对设备进行必要的维护、保养与维修,并且要储存一定数量的备件,以保证设备可以持续正常地运转。

(3)库存控制过于简单问题的对策。

①加快超市信息系统建设。超市应最大限度地将销售信息、库存信息、客户信息、成本信息等与合作伙伴交流分享,做到信息共享,增大信息的透明度,并在此基础上与供应商一起发现问题、分析问题、解决问题。为此,超市应建立健全有效的信息系统,对商品的需求做出及时合理的分析,及时完成订单的编制,同时供应商通过该系统也可以快速准确地了解超市的销售及库存情况,保证第一时间向超市提供商品,满足顾客的需求。

②全体员工自觉参与库存控制。超市应对员工经常进行库存控制的培训,使全体员工自觉参与到库存控制与管理工作中,促使员工的工作从对顾客的要求做出被动反应转变为对顾客需求进行积极的预测,以向顾客提供全方位的商品和服务。库存的高低受众多因素的影响,包括商品的市场供需、价格走势、超市库存战略、超市整体运作水平等,如果一味盲目地强调库存降低而放弃超市整体效益最大化的原则,就会使库存管理变得毫无意义。加强库存管理,需要协调超市供应链中的各个环节,确定最优平衡点,实现资源的最佳整合利用,为超市创造更大的财富。

2)加强超市库存管理的策略建议

超市实现合理库存控制是一项系统的工程,应着重对以下几个方面给予关注:

(1)订单信息的合理掌控。超市的库存管理向来就是一个难题,无论是超市还是供货商都花了不少的人力和物力。要了解超市的订单状况,让超市的订单合理化,就要先明确超市的销量,通过销量合理预测及控制存量。因此,在制作订单时须考虑商品的特价情况、销售的淡旺季、是否有调价等。

(2)库存商品的分类管理。要实行"周转快的商品分散保管,周转慢的商品尽量集中保管"的原则,这样可以压缩流通环节库存、有效利用保管面积、简化库存管理。在库存量控制中,应根据商品销售额与品种数之间的不均衡性,将配送中心的商品分为A、B、C三类。通常在配送中心,A类商品的销售额占总销售额的70%～75%,品种数占总品种数的5%～10%;B类商品的销售额占10%～20%;C类商品的销售额占5%～10%。对于A类商品,应重点精心管理和养护以保证其质量,尤其要经常检查其库存;对于C类商品,一般应尽可能地减少日常管理工作,以减少管理成本,但可适当增大订购量和库存量;对B类商品的库存管理,原则上介于A、C两者之间。采用此种管理方法,能突出重点,兼顾一般,减少管理成本和库存量,消除库存积压和断货现象,提高经济效益和服务水平。

(3)科学及时的盘点。要加强盘点工作,及时掌握真实的库存信息情况。盘点和库存管理可以说是一对孪生兄弟。超市存货管理主要包括仓库管理和盘点作业。仓库管理是指商品储存空间的管理,盘点则指对库存商品的清点和核查。目前由于我国商品配送能力有限,门店实施无仓库经营较困难,许多超市门店要么设置内仓,要么将货架加高,将上层作为储存空间,保持一定的商品储备,以保证门店正常销售。通过盘点作业,又可以及时计算出店铺真实的存货、费用率、毛利率、货损率等经营指标,便于门店的经营决策和业绩考核。因此,仓库管理与盘点作业是相辅相成的,科学、合理、安全而卫生的仓库管理,不但可以方便盘点作业,而且可以减少库存费用及损坏,及时准确的盘点又可以科学地控制库存,发现问题并及时处理。

 **思考题**

1. 解释持有存货的主要原因,并简述持有存货将给组织带来哪些成本。
2. 通过 ABC 法进行分类的库存在管理时有何不同?
3. 库存控制的方法有哪些?都适合在什么样的场合使用?
4. 判断一个公司库存管理方法有效性时,你会提出的主要问题是什么?如果计算出来的库存的价值占销售的百分比正在上涨,你会关心这种上涨吗?为什么?
5. 如何计算存货周转?存货持有成本和存货周转之间的关系是什么?

第6章　仓储管理

本章要点

知识要点	掌握程度
仓储的功能	了解
仓储管理的概念	掌握
基本的仓储决策	重点掌握
仓储作业管理	了解
现代保管技术	了解

 导入案例

　　Q 汽车公司是我国某中小排量轿车的知名生产企业,前不久按发动机号码紧急召回了一批已经进入销售渠道的车辆,包括几辆已经到了消费者手中的产品。全部召回完毕以后,负责销售的副总裁仍心有余悸地说:"幸好问题发现得早,否则要出大事了!"

　　事情还得从库房说起。老李是一名资深的库房保管员,平时负责对发动机零件的保管工作,除了接收零件外,他的工作大多是为生产服务,即按生产计划根据领料单将有关零件交给送料员,再由送料员将有关零件运送到生产线对应的装配工位以保证生产。

　　库房保管是分类负责的,由于老李比较细心,工作经验丰富,所以主要负责小件类零件,如进气门、排气门、密封圈等,工作多年以来从未出过差错,常被评为优秀职工。某天上午,正在发货的老李突然接到电话说老伴因脑血栓而被送进医院急救,心急如焚的他连忙向领导请假。领导也非常通情达理,说:"让小张顶替你一下,你交代一下工作,马上去医院!"于是经过简单的工作交接后,老李直奔医院。

　　刚接手的小张不太熟悉小件的有关业务,而且很多零件外观上大同小异,不通过件号很难区别,在一次发货中小张将一种密封圈发错了。这种密封圈和另一种密封圈的外观和尺寸几乎一样,但是密封的压力要求不同,货发到了生产线上,装配工人也未能发现,在整车检验时由于短期内不会漏油而未被检测出问题,就这样,一批有问题的整车产品经过各个环节一直销售到了最终的消费者手中。

　　问题还是在月底被发现了,这种类型的密封圈是每月盘点一次的,盘点中发现两种密封圈数量都不对,负责的领导明白了可能的原因及后果,及时将情况上报给公司高层,高层领导分析后下令立即全部召回该批产品,否则一旦密封圈承受不了相应的压力就会漏油,而漏油严重又没及时发现时可能造成发动机抱死,严重情况下会产生车毁人亡的后果。

仓,也称为仓库,是存放物品的建筑物和场地,可以是房屋建筑、大型容器、洞穴或者特定的场地等,具有存放和保护物品的功能;储,表示收存以备使用,具有收存、保管、交付使用的含义,当适用于有形物品时也称为储存。仓储是利用仓库存放、储存不及时使用的物品的行为。简言之,仓储就是在特定的场所储存物品的行为。

现在仓储的着重点与过去的仓储已有所不同。传统意义上,仓储是充当原材料和产成品的长期储存库的一种战略角色。制造商生产出产品并存在仓库中以供销售,这样,仓库里不得不将存货水平维持在满足2~3个月需求的状态。因此,大多数企业都有很高的存货水平。

近二十年以来,随着JIT、战略联盟以及物流供应链管理理论的出现,仓储在缩短物流周转周期、降低存货、降低成本和改善客户服务方面具有了战略地位。今天的仓库已经不再是一个用于长期储存的工具,仓库的运作大大加快了。人们已把注意力放在了仓库中产品流通的速度上,已有很多企业的产品只在仓库中存放几天甚至几个小时。

为了满足顾客缩短周期时间和降低价格的需要,物流管理人员正在研究仓储过程以提高生产能力并降低成本。他们重新设计仓库,以达到加快订单处理及降低成本的目标,而且还重新确定仓库的位置,以达到在整个供应链中为客户提供更好服务的目标。

6.1 仓储的功能

仓储包括了对进入物流系统的货物进行堆存、管理、保管、保养、维护等一系列活动。从整个系统来看,仓储应该具备如下功能:

1. 储存和保管功能

仓库具有一定的空间,用于储存物品,并根据储存物品的特性配备相应的设备,以保持储存物品的完好性。例如:储存挥发性溶剂的仓库,必须设有通风设备,以防止空气中挥发性物质含量过高而引起爆炸;储存精密仪器的仓库,要求防潮、防尘、恒温,因此,应设立空调、恒温设备等。在仓库作业时,还有一个基本要求,就是防止搬运和堆放时碰压物品,因此要求搬运器具和操作方法的不断改进和完善,使仓库真正起到储存和保管的作用。

2. 调节供需的功能

现代化大生产的形式多种多样,从生产和消费的连续性来看,每种产品都有不同的特点,有些产品的生产是均衡的,而消费是不均衡的,如空调;还有一些产品生产是不均衡的,而消费却是均衡不断地进行的,如粮食生产。要使生产和消费协调起来,就需要仓库的"蓄水池"调节作用。

3. 调节货物的运输能力

各种运输工具的运输能力是不一样的,船舶的运输能力很大,海运船一般是万吨级,内河船舶也有几百吨至几千吨的;火车的运输能力较小,每节车皮能装运30~60吨货物,一列火车的运货最多几千吨;汽车的运输能力很小,一般每辆车装4~10吨货物。它们之间的运输衔接是很困难的,这种运输能力的差异,就是通过仓库来调节和衔接的。

4. 流通配送加工的功能

现代仓库的功能处在由保管型向流通型转变的过程中,即由储存、保管货物中心向流通、销售中心转变。仓库不仅要有储存、保管货物的设备,还要增加分拣、配套、包装、流通加工、信息处理等设备。这样,既扩大了仓库的经营范围,提高了物质的综合利用率,又方便了消费者,提高了服务质量。

5. 信息传递功能

在处理与仓库活动有关的各项事务时,需要依靠计算机和互联网来提高仓储物品信息的传输速度,及时、准确地了解仓储信息,如仓库利用水平、进出库频率、仓库的运输情况、顾客的需求以及仓库人员的配置等,这些都要求仓库需具备信息传递的功能。

6. 产品生命周期的支持功能

根据美国物流管理协会发布的物流定义:物流是指在供应链运作中,以满足客户要求为目的,对货物、服务和相关信息在产出地和销售地之间实现高效率、低成本的正向与逆向流动和储存所进行的计划执行和控制过程。可见,现代物流包括了产品从"生"到"死"的整个生产、流通和服务过程,而这些都需要仓储系统对产品生命周期提供支持。

6.2 仓储管理的概念

仓储管理就是对仓库和仓库内存储的商品所进行的管理,是仓储机构为了充分利用所拥有的仓储资源来提供仓储服务所进行的计划、组织、控制和协调的过程。具体来说,仓储管理包括仓储资源的获得、仓储商务管理、仓储流程管理、仓储作业管理、保管管理、安全管理等多种管理工作及相关操作。

仓储管理是一门经济管理科学,同时也涉及多种应用技术科学,故属于边缘性学科。仓储管理的内涵随着其在社会经济领域中的作用不断扩大而变化。物流系统的整体目标是以最低的成本提供客户满意的服务,而仓储系统在其中发挥着重要作用,是企业物流系统中不可缺少的子系统。仓储活动能够促进企业提高客户服务水平,增强企业竞争能力。现代仓储管理已从静态管理向动态管理发生了根本性变化,同时也对仓储管理的基础工作提出了更高的要求。

从某种意义上讲,仓储管理在物流管理中占据着核心地位。物流最初是从解决"长鞭"效应开始的。物流"长鞭"效应是在多环节的流通过程中,由于每个环节对于需求的预测存在误差,因此随着流通环节增加,误差被放大,库存也就越来越偏离实际的最终需求,从而带来保管成本和市场风险的升高。解决此问题的思路就是,从研究合理的安全库存开始,到改变流程,建立集中的配送中心,以至改变生产方式,实行订单生产,将静态的库存管理转变为动态的 JIT 配送,实现降低库存数量、缩短周期的目的。在此过程中,尽管仓库越来越集中,每个仓库覆盖的服务范围越来越大,仓库吞吐的物品越来越多,操作越来越复杂,但仓储的周期越来越短,成本不断递减的趋势没有改变。从发达国家的统计数据来看,现代物流的发展历史就是库存成本在总物流成本中所占比重逐步降低的过程。

仓储管理已成为供应链管理的核心环节。这是因为仓储总是出现在物流各环节的接合处，如采购与生产之间、生产的初加工与精加工之间、生产与销售之间、批发与零售之间、不同运输方式的转换之间等。仓储是物流各环节之间存在不均衡性的表现，又是解决这种不均衡性的手段。因为仓储环节集中了上下游流程整合的所有矛盾，如果借用运筹学的语言来描述仓储管理在物流中的地位，可以说是在运输能力为约束条件的情况下，寻求最优库存（包括布局）方案作为控制手段，使物流达到总成本最低的目标。在许多具体的案例中，物流的整合、优化实际上已归结为仓储的方案设计与运行控制。

传统物流与现代物流最大的差别体现在仓储环节上。传统仓储业的商业模式是收取保管费，希望自己的仓库总是满满的，这种模式与物流的宗旨背道而驰。而现代物流以整合流程、协调上下游为理念，静态库存越少越好，其商业模式也建立在物流总成本的考核之上。由于这两类仓储管理在商业模式上有着本质区别，但是在具体操作如入库、出库、分拣、理货等上又很难区别，所以在分析研究时必须注意它们的异同之处，这些异同也可体现在信息系统的结构上。

仓储管理的内容包含了三个层面，它们相互独立却又彼此联系，分别是仓储系统布局设计、库存最优控制、仓储作业操作，如图6-1所示。

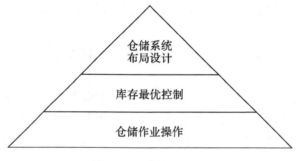

图6-1 仓储管理的内容

仓储系统布局设计是顶层设计，也是供应链设计的核心。就是要把一个复杂纷乱的物流系统通过枢纽的布局设计改造成为"干线运输＋区域配送"的模式，枢纽就是以仓库为基地的配送中心。配送中心的选择和设计是整个系统布局的关键。

库存最优控制是确定仓库的商业模式，即（根据上一层设计的要求）确定本仓库的管理目标和管理模式。如果仓储是供应链上的一个执行环节，是以成本为中心的，则多以服务质量、运营成本为控制目标，追求合理库存甚至零库存。

仓储作业操作是最基础的部分，这部分内容不仅要根据上一层确定的控制目标和管理模式落实为操作流程，还要与众多的专用仓储设备自动控制系统相衔接，所以是技术上最复杂的部分。

6.3 基本的仓储决策

仓储管理涉及许多重要决策，包括产权、数量、规模、储量和选址，也就是仓库应该是什么类型、设置多少、每个有多大、储存什么产品、在哪里建造等（见图6-2）。

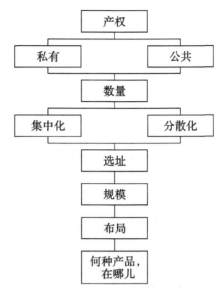

图 6-2 基本的仓储决策

6.3.1 仓库的产权决策

企业仓储考虑的第一项决策就是产权，即采用私有仓储还是公共仓储。许多公司拥有并使用自己的仓库，但是对于小公司来说，这样既困难又昂贵，所以它们就使用专业的仓储公司提供的设备，大公司有时也能从这种方式中受益，所以，在私有和公有仓库之间有一个最基本的选择。换句话说，就是企业是应该购买、建造自己的仓库，还是应该按需要租用公共仓库？两种方式各有利弊。

图 6-3 比较了公共仓库和私有仓库的总成本。

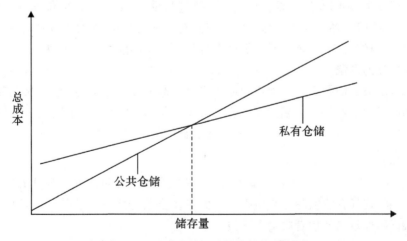

图 6-3 私有仓储和公共仓储的比较图

如图 6-3 所示，公共仓库全是变动成本，当公司的仓储量增加时，企业必须租用更多的空间，租用的仓储空间按面积或体积计费。这样，公司的仓储成本就与公司的货物存储量成正比。在这种情况下,成本函数是线性的。而事实上,公共仓库对大量空间的使用费用会有一定的折扣,这样就使单位面积或单位体积的成本不是完全呈线性变化的。

另一方面,私有仓库含有固定成本,按结构可将其分为资产税及折旧等。由于公共仓库的所有者要获取利润,另外还有一部分营销成本在里面,所以通常公共仓库的可变成本相对于私有仓库运营成本的可变部分而言增长速度要快一些。这样,在某个点上,这两种成本函数要相交或相等。

由于存在固定成本,私有仓库需要相对高的存储量以实现仓库的经济性。不管使用与否,私有仓库的固定成本都会发生,企业就必须有足够的仓储量来"分摊"固定成本,以使私有仓库的平均成本(固定加变动)低于公共仓库。当然,这种分析包含了两个假设:第一,私有仓库的单位变动成本(即图6-3中直线的斜率)低于公共仓库,否则私有仓库就永远也不会比公共仓库总成本低;另一个假设是仓库的使用率或储存量在一年的大部分时间是稳定的,如果不是这样的话,企业就很难决定仓储空间的大小,也很难有效利用仓储空间。

一般来说,产量较少,使用公共仓库是最佳选择。随着产量的增加,企业能够更有效地使用私有仓库,因为此时可以将固定成本分摊到较大的存储量中去。

1. 私有仓储

私有仓储是企业自己拥有仓库、自己管理库存的仓储运作方式。其最大优势是能够定制化设计仓储设施来满足企业本身的需求。

企业用自己的仓库支持主要运营,这样就能获得更多的控制权,可以使企业实现对客户和工厂安全、冷藏以及服务的控制。有些原材料和产成品极易被窃或由于损坏而丧失价值。即使公共仓库通常是些声誉较好的企业而且会小心存放货物,但是发生损失的可能性仍然比私有仓库大。就算是公共仓库赔偿损失,但企业信誉和生产效益的损失会更大。在某些地区,公共仓储公司因为商品本身危险性或一些其他原因不储存这些特殊商品,那么如果生产这些产品的企业认为很有必要将产品储存在这一地区,那么它唯一的选择就是使用私用仓库。

而且,采用这种方式,仓库可根据组织的需要进行设计,如在合适的位置、以合适的大小、符合客户服务标准等。整个组织一体化的系统使交流更加便利,同时也带来较低的成本(不用把利润分给其他组织)。另一个无形的好处来自于对企业形象的提升,因为私有仓库会给人一种可靠、长期信赖的形象。

不幸的是,从最初的投资建设到长期运行将付出高成本。另外,如果需求上升或下降,设施就必须相应地扩大或减少;如果失去了整个市场份额,企业就只剩下这些建筑物,既无法使用,又难以出售,因为它是为本企业特有的产品定制化设计的产物。

2. 公共仓储

企业通常会选择致力于它的核心业务,把一些物流业务外包出去。常见的外包形式是企业向外寻找仓储,这样存货实际上是由第三方保留在公共仓库里。公共仓库是作为一个独立的企业来运营的,通过向使用者收费来挣钱。

使用公共仓库的第一个也是最重要的原因是经济性,公司不需要投资或只需要有限的资本投入。公司在成立时,在经济上都有一个长期的打算,由于持续盈利的要求或设备过时而导致的贱卖,会招致资本回收的风险。通过使用公共仓库,企业能够避免由于自身兴建私有仓库而导致的资产投资和财务风险。

公共仓库的第二个优点是灵活性。企业可以只租用公共仓储空间30天,这样它就能够对需求的变化或运输服务质量的变化做出快速反应。开发新市场时需要仓库的选址具有灵活性,公共仓库使企业能够快速建立、扩大或退出新市场,而不需要因为配送成本而犹豫不决。

公共仓库的人员能够承担检验、装配、标价和标批号等责任。除此之外,他们还能提供包装、订单挑选、拆包装、订单履行和因特网信息传输等。公共仓库的一种类型是契约仓库,也称为合同仓储,它只对主要或特殊的客户提供高度专业化的服务,成为私有仓库的一种可行性替代选择方案。

但这些好处必须与失去控制之间进行平衡,同时还有成本问题。近几年明显的趋势是使用公共仓库,使用专业的仓库公司,企业就有更多的时间从事核心业务。把仓库转包出去的趋势说明仓库最常见的形式是私有和公共仓库的混合。公司用私有仓库进行基本的、核心的需求,如果需要的话,就用公共仓库来满足,这种安排能使企业取得大于90%的仓库占用率。当然,如果公共仓库能在同样或较低的成本下提供更好的服务,很明显应该朝着这个方向努力。

3. 合同仓储

合同仓储是公共仓储的发展趋势,也称为契约或第三方仓储。合同仓储是一种定制的、以客户为导向的公共仓储形式,由外部公司提供物流服务,而这种服务以前是由本公司自己完成的。合同仓储公司专门提供高效、经济、准确的配送服务。

期望高服务质量的企业应该使用合同仓库,这些仓库是为满足高标准和专业处理要求,如药品、电子产品和贵重物品等的需要而设计的。另一方面,期望得到一般服务水平的企业就应该选择一般的公共仓库了。从本质上说,合同仓库体现了制造商和仓储公司之间的合作关系,因为有了这些固定的合作伙伴,合同仓库服务的客户比传统的一般公共仓库要少一些。合同仓库为满足客户特殊的产品需求会提供定制化的存储空间、劳力和设备。

合同仓库只为有限的仓库使用者提供定制化的物流服务。这些服务包括储存、拆包、组合、订单分类、库存现货、在途混装、库存控制、运输安排、物流信息系统和其他一些用户所需要的附加物流支持服务。合同仓储公司通过提供客户要求的整套物流服务来支持客户公司的物流渠道,而不仅限于提供存储服务。

过去,企业要削减成本,需要求助于生产经营过程,通过缩减原件生产或外包给海外劳动力成本低的地区来缩减成本。现在企业求助于物流经营来降低潜在的成本。通过使用合同仓库服务,企业能将其物流经营外包。将次要的业务功能外包出去以后,企业更能把精力集中到生产制造和营销上。

6.3.2 仓储的数量决策

企业仓储的另一项重要的决策就是在进行仓储时采用集中储存还是分散储存,这一决策实质上是决定公司有多少家仓库进行运作。使用集中仓库系统的企业拥有较少的仓库;相反,使用分散仓库系统的企业拥有较多的仓库。在某些情况下,由于公司规模的原因,这一决策相对简单一些,也就是说,市场为单一地域的中小型公司通常只需要一家仓库。一般说来,只有那些以全国或全球为市场的大公司才需要对这一问题仔细考虑。

1. 增加仓库数量

图6-4描述了增加物流系统中仓库的数量对重要的货物配送成本的影响。随着仓库数

量的增加,运输成本及销售丧失的成本在减少,但是存货成本及仓储成本在增加。

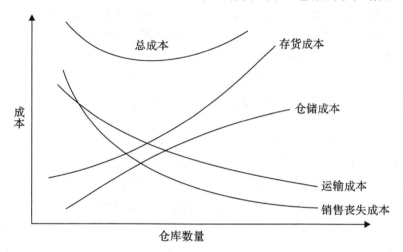

图 6-4　物流成本与仓库数量的关系

以重量为单位将货物整合后,运输费率较低,从而使运输成本下降。从出货的角度看,仓库数量的增加使仓库距离客户和市场更近了,由此降低了运输距离及运输费用。仓储成本的增加是因为总存储空间伴随着仓库数量的增加而增加。例如办公、电梯、餐厅以及其他设施都需要一定的空间。

此外,因为增加了仓库数量,公司的存货也会增加,其存货成本也随之而增加,大量的存货需要更大的存储空间。由于需求难以预测,就使得拥有两个以上仓库的公司在每个仓库中都要存储大量流动性低的产品,所以库存多是必然的。

如图 6-4 所示,随着仓库数量的增加,总成本通常会下降。然而,当存货量和仓储成本的增长抵消了运输成本和销售丧失成本的降低时,总成本就开始增长。当然,总成本曲线与仓库数量的变化范围因公司不同而不同。

2.减少仓库数量

公司通常通过增加其仓库数量来加强对客户的服务,降低运输成本,存储更多的产品。但令人惊奇的是,减少系统中仓库数量已成为达到上述目的的首选方法。建造和运作仓库的费用是巨大的,当公司减少仓库数量时,就能降低这些非生产性设施带来的成本。如果能将可靠的系统与较少的仓库结合起来,公司就能通过整合的方法加强对客户的服务,同时降低运输成本。因为仓库数量减少了,就有更多的产品要流动,公司必须提高存货周转,这样做,公司就可以降低其存货成本了。

3.影响仓库数量的因素

为客户提供服务的需要是影响仓库数量的因素之一。在当地市场上为客户提供快捷服务的需要通常与产品的可替代性程度密切相关。如果竞争对手在市场上提供了更快捷的服务,那么,客户服务水平较低的公司原先的销售量就会降低;如果顾客不能在需要的时间买到公司的产品,公司就会浪费它在销售上做出的努力。

运输能力是影响仓库数量的另一因素。如果公司需要为客户提供快捷的服务,那么,快运服务是可以选择的;如果公司得不到合适的运输服务,公司就要增加仓库的数量。在运输服务水平下降的情况下,物流经理通常决定增加在仓库中的投资作为加强运输服务的替代手段。

公司采用分散仓储的另一个原因是小批量客户的存在。将集中存储在中心仓库的零担货物送到客户手中比起先将整车货物运到分散于各地的仓库,再以零担货物形式送到当地客户手中的费用要高得多。越来越注重存货成本的零售商和批发商通常希望多次少量地进行采购。为了保证可接受的交纳周期并控制货运成本,很多公司增加仓库数量来让储藏的产品距离小批量购买的客户更近。

如果储存的产品比较昂贵,我们建议企业使用集中化的仓库。通过减少使用的仓库数量,企业可以降低存货水平,这样对于昂贵的产品而言,库存持有成本就降低了。对于一些特殊的仓储需要,如控制温度和湿度等,就意味着使用较少的仓库来减少仓库和设备的投资。

以上的讨论使我们对影响仓库数量的一些因素的成本有了大体的了解,但是这还不足以做出最佳决策。例如,假定一个企业的产品可替代性强、价值高、小批量购买并且需要特殊存储,其中有两个因素支持使用集中化的仓库,另两个因素支持分散化仓库。为了确定最佳的仓库数量,物流经理必须对网络中不同数量的仓库做出总成本分析。

6.3.3 仓库的选址决策

与仓库数量和集中仓储还是分散仓储决策密切相关的另外两个仓库决策是选址的决策。如果公司采用的是公共仓储,那么仓库大小问题便不是很重要,因为公司可以根据它在不同时期内的需求来扩大或减少所需的存货空间。同样,当公司采用公共仓储时,选址问题也不是很重要。虽然公司必须决定使用哪里的公共仓库,但是这些仓库的地址是确定的,公司可以在必要时改变它的决定。

公司必须从全局考虑仓库的选址问题,要以最少的物流总成本达到对顾客服务的预期水平。通过对仓库指定功能的分析,公司能大致决定仓库的位置。例如:是选用靠近市场、有较高服务水平的地方,还是选用靠近生产地、原材料集中的地方;或者由于一些其他的原因将二者结合起来考虑。最终的选址必须取决于运输、市场或地域特征等因素。一旦做出决定,再要改变,其耗费是巨大的,特别是采用私有仓库时。因此,非常有必要对所有因素进行适当的考虑。

大多数综合设施定位技术可以归为三类,即优选法、仿真模拟法和探索性模型。优选法的最大优势是能设计一个最优的建库地址,不利之处在于计算机运算过程相当烦琐,而且限制了给定模型的变量数目。仿真模拟法能够将计算机控制的物流系统数学化表达,这种方法因可以按照管理要求随意变换数据、重新运算模型、能够分析备选方案的成本而备受欢迎。和优选法不同,仿真模拟法不能保证得出一个最优方案,即使产生了最优方案,分析学家也未必就能分辨出来。探索性模型也称为直观推断法,这种方法试图在开始分析的初期阶段,通过管理的约束来限制搜索范围。换句话说,只有那些主观认为具有合理性的地点才会列入考虑范围之内,这样就很可能遗漏掉更好的方案。因此,此法也不能保证得出最优结果。

6.3.4 仓库的规模和布局

除了仓储决策以外,公司还必须决定仓库的规模和布局。换句话说,公司必须决定仓库内部过道大小、货架、设备及其他所有占据空间的设施布局。公司还要决定在仓库内部如何最有效地安排储存。

1. 有哪些空间需求

为了理解仓库布局与设计，我们需要了解一些有关典型仓库所必需的基本空间的背景知识（见图6-5）。

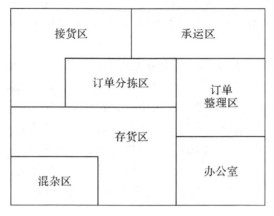

图6-5 仓库的空间需求

决定所需仓库空间的第一步是对公司产品的需求做个预测。这意味着要根据产品种类，估计在一定的销售时期内产品的销量，然后公司需要估计各类产品的数量，通常包括安全库存。接下来一步是将产品数量换算成需要的空间，这里面包括了输送设备的空间，而且通常包含在相应区间内的10%～15%的增长许可度。这样公司就有了对基本存储空间需求的一个估计。公司还必须为过道以及诸如电梯、会议室之类设施留出所需的空间。仓库总空间的1/3通常无存储功能。很多公司通过计算机模拟来进行对这些空间的决策。计算机能考虑很多变量，并帮助进行未来需求的预测。

仓库所必需的一个附加空间是为物流系统中的运输部分提供一个接口，即收货与出货接口。虽然这一接口可以是在同一区域，但通常把它设在两个不同的位置以保证较高的效率。考虑到这些空间需求，公司必须决定是将接货点设在仓库外部，还是将货物直接从运输工具上卸载到仓库内部。公司必须考虑到装卸货物以及存放设备与托盘所需的空间。运输前备货的空间和进行货物组合的空间同样重要。此外，还必须有进行核对、点数和检查工作的空间。收发货物的体积和频率严格决定了对接货和发货空间的需求。

配送仓库中的另一项空间需求是订单分拣和组装空间。这些功能所需空间的大小取决于产品的自然属性以及处理时所采用的设备。这个区域的布局对有效运营和顾客服务存在至关重要的影响。

第三类空间是实际存储空间。公司必须尽可能有效地使用仓库里的全部存储空间。公司可以根据前面的分析方法得出存储需要的空间大小。它是仓库里最大的单一区域。

最后，公司还必须考虑三类额外的空间。①许多配送仓库必须要有空间进行回收工作，即将未损坏的部件从损坏了的包装箱中分离出来。②管理和工作人员日常所需的办公空间。③休息室、职工食堂、公共场所及更衣室也需要空间。这三类空间大小取决于一系列的变量，例如，货物的平均损坏量和重新包装未受损坏，货物的难易程度决定了回收工作所需空间的大小，而食堂和更衣室需要的空间则依赖于员工的数目。

2.布局设计的原则

以上我们讨论了典型的仓库对不同空间的需求,接下来需要更详细地考虑仓库的布局。首先考虑一般的布局设计原则,如图6-6所示。

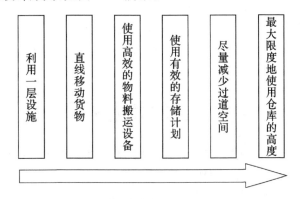

图6-6 仓库布局设计的原则

人们最普遍接受的布局设计原则如下:①尽可能利用一层设施,因为它通常能提供更多的可用空间,而且建筑起来一般比较便宜。②货物进出仓库采用直线式,如图6-7所示,避免逆向操作和无效运动。③利用有效的物料搬运设备和操作程序。物料搬运设备的一大好处是提高了运作的效率。④在仓库中采用有效的仓储计划。公司必须本着最大限度地利用仓库和消除无效方式来摆放物品。⑤在满足物料搬运设备的尺寸、类型和转动范围的限度下减少过道空间,还必须考虑到产品所造成的一些限制条件。⑥最大限度地利用建筑物的高度,即有效利用建筑物的容积。

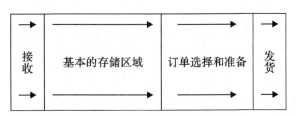

图6-7 仓库的基本结构

记住了这些一般性原则,我们就可以集中讨论仓库的一些基本区域的设计要求了。对于收货和发货场所,公司要决定是否将货物在此地暂存以及是否将所需设备安置在这里。物料搬运设备拐弯的需要也影响着这一场所需要的空间大小。公司还必须分析存储分区的数量、大小和形状,影响存储分区需求的因素有公司所采用的运送设备的类型、产品特性以及物料搬运设备。关于订单分拣和备货区域,必须注意到,在一个配送仓库里,这一场所以短距离频繁运输为特征。因为要将各类产品置于分拣工人可触及范围之内,要有效地利用这里的空间是很困难的。虽然采用物料搬运设备可以在一定程度上克服这一问题,但公司不可能从根本上解决这个问题,因为频繁的运动需要更多的开放空间。

6.3.5 存货种类

还有一项仓储决策是决定公司在不同的仓库中存放货物的数量与种类,但如果公司拥有多处仓库,这些问题就不那么重要了。拥有多家仓库的公司必须决定是每家仓库都储存所有种类的产品,还是专门储存某几类产品,或者是将二者结合起来。对于这一决策的某些方面,我们能很方便地做出一个线性规划决策模型,尤其是当公司知道各仓库的地址、大小和需求时。

6.4 仓储作业管理

仓储作业是完成仓库物资入库、储存、出库以及流通加工等不可缺少的手段。因此,仓储管理的一个非常重要的内容就是仓储作业管理。

整个仓储作业基本上包括进货入库、储存保管和出库发送三个阶段。三个阶段互相衔接,共同实现仓库的所有功能。商品入库是前提,出库是目的。商品入库是仓储作业的开始,是商品储存保管工作的条件;商品出库是仓储作业的结束,是商品储存保管工作的完成,是仓储目的的实现;而储存保管是为了保持商品的使用价值不变,衔接供需。仓储作业流程如图6-8所示。

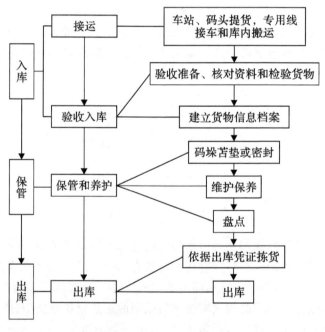

图6-8 仓储作业流程

仓库作业过程的组织与管理是按照预定的目标将仓库作业人员与仓库储存手段有效地结合,从而完成仓库作业各环节的过程。其目的是从作业过程的连续性出发,通过计划、组织和控制等手段提高作业效率,加速商品在仓库中的流转,合理使用人力、物力,以取得最大的经济效益。仓库作业过程的组织与管理包括仓库作业过程的空间组织与时间组织。

仓库作业过程的空间组织是指正确地确定作业线路和合理地利用仓库的空间，以保证商品在空间上的运动线路最短和仓库空间的有效利用。安排仓库作业时应避免商品的迂回运输和往返运输，仓库布置应在满足作业要求的前提下，最大限度地利用仓库的空间。

仓库作业过程的时间组织是指通过各个环节作业的合理安排和衔接，保证仓库作业的连续进行。它包括每个作业环节的时间安排和各个作业环节之间的时间安排，前者要求时间的最大节约，后者要求时间的连续性。

另外，仓储作业流程的管理不但包括具体作业实际流程的管理，还包括作业信息流程的管理，即管理信息系统。

6.4.1 入库作业

商品入库一般经过接运、验收两个阶段。

接运是从供应商或运输商手中接收货物的过程。交接完成后，货物正式转入仓库中。接运有专用线接车、车站码头接货、仓库自行提货和库内接货四种方式。无论采用何种方式，交接的基本任务都是一样的，都要确认、清收货物的数量和质量，做好记录，办好交接手续。

接运到的货物要做卸载、分类（分标记）、点验、签发入库凭证、入库堆码、登记入账等一系列作业。对这些作业活动要进行合理安排和组织，尤其要做好以下几项工作：

1. 入库前的准备工作

做好入库前的准备，是保证商品入库快而不乱的重要条件。入库准备一般包括以下内容：

(1) 仓位准备。仓位准备即根据商品的性能、数量、体积、重量等确定商品堆放地点，并进行清理、消毒等工作。

(2) 接货人员、设备等物质准备。

(3) 作业操作顺序的安排。即根据商品入库的数量、时间、品种做好接货、验收、搬运、堆码等各环节的协调配合工作。

(4) 在机器操作条件下，要事先安排好定人、定机的作业序列。

2. 核对资料

核对资料就是要核对合同、发票、运单、质量证明、产品说明书等，主要是确认供货商、运输商以及入库商品品种、规格和质量。只有单据齐全无误，方可接受货物。

3. 检验实物

检验实物是指对入库的商品按规定的程序和手续进行数量和质量的检验。

(1) 数量检验。商品运到后，收货人员要按商品入库单清点商品数量。商品数量的计量分计数与计重两种。

(2) 质量检验。质量检验的目的是鉴定商品的质量指标是否符合规定。

(3) 商品检验方式。商品的检验方式有全检和抽检两种。全检在批量小、规格尺寸不统一、包装不整齐以及严格验收质量时采用，它需要较多的人力、物力和时间，但可以保证验收质量。抽检是在批量大、规格尺寸统一、包装尺寸整齐、商品质量信誉较高以及验收条件有限的情况下常采用的方式。商品检验方式一般由供货方和接货方通过签订协议或合同加以规定。

(4) 验收中发生问题的处理。为了准确划分存储单位、运输部门的职责，保证入库商品的质量，对验收中出现的问题要严格按照制度规定处理。

4. 建立账、卡、档案

实物检验中,会产生原始记录,如磅码单、入库验收单等,因此要根据这些原始记录,建立入库台账、货卡和物资档案。入库台账又叫物资保管台账,是按品种分页记录入库、出库流水明细账。货卡是一种类似明细账的卡片,挂在货垛或货架上,记录入库、出库的流水,方便保管员巡视清点时查看货品的变动情况。档案是物资与所有供应商、运输商有关的单据、凭证、质量、说明书等的集合。建立了账、卡、档案,入库阶段结束。目前,许多仓库对账、卡、档案等实行电子化管理,大大提高了管理效率。

6.4.2 储存保管作业

物资入库完毕,就进入了物资保管阶段。物资保管最主要的工作就是要维持储存物资的使用价值不变。因此,首先要弄清物资产生数量或质量变化的原因,对症下药,采取合适的应对保管措施。

1. 物资产生质量或数量变化的原因

在储存期间,质量变化主要由以下因素引起:①储存操作。储存保管作业可能发生突发性碰撞、磨损、冲击、混合等情况,以致被储物品质量发生变化。②储存时间。储存期越长,质量缓慢变化的概率越大,最终可能引起质量指标的改变。③储存环境和保管条件。物资储存环境不当,保管条件不合适,会使货物产生物理、化学或生物变化,从而导致质量或数量的变化。

(1)物理变化。物理变化通常包括物理存在状态的变化、渗漏变化、串味变化、破损变化和变形等。

(2)化学变化。在储存期间,物质内部或不同物质之间发生化学反应,改变了原物质的微观状态,变成了不同于原物质的新物质。

(3)生化变化。在储存期间,有机体受外界生物的影响,发生如霉变、发酵、腐败等生物变化,也会引起使用价值的严重变化。此外,鼠类、害虫、蚁类等生物侵入,也会造成储存物的损失。

(4)价值变化。在储存期间,物资在价值方面还可能发生呆滞损失和时间价值损失。物资储存的时间过长,虽然其使用价值并未变化,但社会需要发生了变化,从而使该物资的效用降低,形成了长期聚积在储存领域的呆滞物资。这些物资最终要进行降低价格处理或报废处理,所形成的损失为呆滞损失。

物资储存实际也是货币储存的一种形式,储存时间越长,利息支付越多,资金的机会投资损失越大,这种损失称为时间价值损失。

2. 物资保管保养的基本要求和方法

物资保管保养是指通过一定的储存环境和保管条件,采用具体的技术措施,保持物资的数量、质量不变。对物资保管保养的基本要求是:保质、保量、保安全、保急需、仓库规范化、存放系列化、保养经常化。物资保管保养要做好以下几项工作:

(1)配分和堆码苫垫。配分就是把入库货物合理分配到合适的货位上,包括货位规划和分拣。货位规划就是要在仓库整体规划的基础上,具体安排货物的存放货位。因为仓库中存放的货物是动态变化的,所以货位的存满和取空也是随时变化的,因而每次新到货物都有一个货位选择和调整的问题。货位的选择和调整,要统筹考虑五个因素:①服从仓库整体布置规划和存放系列化原则；②现有货位的闲空情况；③该种物品的周转速率；④先进先出（或后进先出）原则；⑤方便作业原则。

确定好货位以后，就要将待入库存放的货物进行分拣和入位。分拣可以是人工分拣，也可以是自动分拣。自动分拣可以是传输线自动识别、分拣和入位，也可以是智能叉车自动识别、分拣和入位。

配分完毕后，就要做好堆码苫垫。堆码苫垫就是要妥善堆码，安全、合理、可靠地存放。堆码苫垫的基本要求是：①货垛的宽度、高度、垛间距等要合理；②货垛垫脚、格架、桩柱、层间堆码以及篷盖等都要结实可靠；③做到"五五"堆码、过目成数，便于清点；④外观整齐好看；⑤提高空间利用率，节省空间，节省搬运强度；⑥方便搬运作业，方便清点。

(2) 维护保养。维护保养是经常性的工作，主要包括温度和湿度的调节控制、通风、去潮、去湿、去污染、清洁卫生、防虫、防暑、防盗、防火、货垛货架维护等。其目的是维持合适的保管条件和保管安全，维持被保管物资的使用价值。对已经发生变质损坏的物资，要采取各种救治措施，防止损失的扩大。救治措施有除锈、破损修复、晾晒等。

6.4.3 盘点作业

物料因不断地收发，时间一久难免会发生差额与错误，因此，要及时、准确地掌握储存物资的数量和质量，把握储存物资的保管期，这就需要进行盘点工作。

盘点，即盘存清点，是指为确定仓库内或其他场所现存物料的实际数量而对物料的现存数量加以清点。盘点是一项日常工作，主要检查账务与实物是否相符。当发现账务与实物出现差异时，就要查明原因，做出处理结果，不同的差异原因得出不同的处理结果。主要的处理结果有账务调整、补充单据、盘亏赔偿损失等。物料盘点主要有以下功能：

(1) 纠正账物不一致现象。确定物料的现存数量，并纠正账物不一致的现象，不能因账面的错误而影响正常的生产计划。

(2) 考核物料管理的绩效，进而从中加以改进。如呆料数量、废料数量、物料的保管与维护、物料的存货周转率等，经过盘点可以认定并加以改善。

(3) 计算损益。企业的损益与物料库存关系密切，因此，为求得损益的正确性，必须对库存加以盘点以掌握物料的现存数量。

(4) 对遗漏的订货可以迅速采取补救措施。如采购部门因工作的疏忽漏下订单，通过盘点，可以及时补充订购。

6.4.4 出库作业

仓库在接到出货单位的出货通知后，应立即做好出库前的准备工作，包括人员、装卸搬运设备的准备以及理货场地的准备等。只有做好各方面的准备工作，才能加快货物的出库发送速度，避免出现差错，提高货物的出库工作效率。

出库作业是根据业务部门开出的物资出库凭证，按其所列的物资编号、名称、规格、牌号、数量等项目组织商品出库。出库作业包括发货前的经常性准备和商品发放。发货前的准备一般包括：原件商品的包装整理、零星商品的组配、备货和包装，机具用品和组装场地准备、劳动力的组织安排等。出库作业的一般流程如下：

(1) 核单。核单即审核商品出库凭证。主要查看出库商品的调拨单、提货单中的仓库名称是否有错,印鉴是否齐全、相符,商品的品名、编号、规格、数量是否有误,时效是否逾期等。

(2)记账。记账员根据单据上所列的各项,对照登入商品保管账,并将商品货位编号及结存数量批注在商品出库凭证上,交保管员查对备货。

(3)配货、分拣、备货。按出库凭证的品名规格核对实物账或卡片,然后按其配货,并将配好的出库商品集中到理货场所复核。

(4)复核。按照出库凭证,对商品的品名、编号、规格、计量单位、数量逐一进行再次核对,确认无误后,记账销卡。这是防止差错事故的关键所在。

(5)发货(点交、清理、包装、发运)。由仓库发货人员按单将商品交付给提货或承运人员,办清交接,然后包装、发运,最后还要清理场地。

6.5 现代保管技术

6.5.1 仓库温湿度管理

温度和湿度是影响物品质量变化的主要外界因素,库存物品发生变化,大部分都与空气的温度和湿度有关。不同物品对温度和湿度的要求也不同。因此,为了满足各种物品的要求,必须对库内温湿度进行有效的控制。库内温湿度的变化直接受库外气候条件的影响,因此应了解各种物品最适宜的温湿度范围,掌握库内外温湿度变化的客观规律,以便采取相应的措施把库内温湿度控制在一定的范围内。

6.5.2 金属的防锈与除锈

金属的腐蚀是金属由于周围介质的化学作用或电化学作用而发生的损坏,习惯上把金属在大气中的腐蚀称为锈蚀或生锈。

金属锈蚀是不可抗拒的自然规律,它所造成的损失是惊人的。据统计,全世界每年因腐蚀而损耗的金属占全年金属总产量的1/10,每年由于腐蚀而报废的金属材料和设备相当于金属年产量的1/3。金属防锈就是根据金属锈蚀的内因和外因,积极采取相应的有效措施,防止或减缓金属的锈蚀。金属防锈主要是破坏形成电化学腐蚀的条件,抑制电化学腐蚀的进行。

在物品仓库,无法改变和控制影响金属锈蚀的内在因素,所以只能根据影响金属锈蚀的外界因素采取相应的措施:防水防潮,保持干燥;避免库内温度的急剧变化;避免有害气体的影响;防尘、除尘,搞好卫生;文明装卸,防止机械损伤,保持其防护膜不受损坏。

6.5.3 霉变和虫害的防治

很多库存物品,如纤维制品、竹木制品、橡胶塑料制品、皮革制品等,在夏季常会发生霉变,俗称发霉。物品的霉变是由霉菌引起的,所以物品防霉主要是设法抑制霉菌的生长和繁殖,因此可采取措施破坏霉菌生长繁殖的条件或使用防腐药剂。

1. 破坏霉菌生长繁殖的条件

霉菌的生长和繁殖需要适宜的环境和一定的条件,如需要一定的温度、湿度、营养物质、氧气等。库存的某些物品本身就是霉菌的营养物质,这是不能改变的;氧气充满任何一个角落,这种客观存在也是不能改变的;因而恶化霉菌生长繁殖的条件,只能从控制温湿度方面来考虑。

霉菌生长要求的相对湿度为75%~90%,在干燥的环境中,霉菌因缺少水分,新陈代谢活动就会停止,最终死亡。实践经验表明,如果相对湿度在70%以下,霉菌就不能生长和繁殖,物品也就不会发霉。所以控制库内湿度是物品防霉最根本、最有效的措施,也就是说,防霉的根本措施就是防潮。同时,由于大多数物品怕潮湿,所以防潮防霉结合起来进行是最合理的。

2. 使用化学药剂防霉

为了防止储存的物品发生霉变,所使用的化学药剂称为防霉剂。防霉剂对霉菌的生长和繁殖有很强的抑制作用,它可以造成霉菌新陈代谢的停止和菌体的死亡。利用化学药剂防霉应与生产部门密切配合,在产品生产过程中就加入适量的防霉药剂,这样既方便效果又好。

对储存物品的霉变应以预防为主,一旦发现某种物品已发霉,就应及时采取救治措施,以防霉菌进一步发展蔓延,造成更大的损失。通常,多采用晾晒、在密闭的烘箱或烘房内进行烘烤、利用熏蒸药剂进行熏蒸、利用紫外线照射等救治方法。

6.5.4 冷冻冷藏技术

在低温环境中,细菌等微生物的繁殖速度和新陈代谢速度大大降低,低温环境能够延长有机体的保鲜时间,因而对鱼肉、水果、蔬菜及其他易腐烂物品都采用冷冻或冷藏的方式存储。冷冻冷藏保管是指在保持低温的条件下储存物品的方法。

在仓储管理中,冷冻冷藏保管一般在冷库中进行。冷库的结构一般包括冷却和结冻间、冷冻库房、冷藏库房、分发间。

冷库使用时要保持清洁、干燥,经常清洁、清除残留物和结冰,库内不得出现积水。冷库在投入使用后,除非进行空仓维修保养,否则必须保持制冷状态。货物出入库时,除了通常仓储所进行的查验、点数,还要对送达货物的温度进行测定,查验货物内部状态,并进行详细记录,对已霉变的货物不接受入库。为了减少能耗,货物出入库作业应选择在气温较低的时间段进行,如早晨、傍晚、夜间。冷库内要保持清洁干净,地面、墙、顶棚、门框上无积水、结霜、结冰,随有随扫除,特别是在作业以后,应及时清洁。制冷设备、管系上的结霜、结冰要及时清除,以提高制冷功能。

在冷库操作的安全上,一般需注意防止冻伤,防止人员缺氧窒息,避免人员被封闭在库内,妥善使用设备等这些问题。

 研究案例

京东日趋完善的物流体系建设

1. 强大的自营物流体系

电商经营的品类规模庞大,海量订单呈现多频次、小批量、多样性的特点,造成订单处理压力大。由于直接面对终端消费者,对物流质量和时效要求更高。物流作业量受促销影响而产生巨大波动。面对异常复杂的电商物流,为更好地服务消费者,京东选择了以自建仓储体系、自建物流体系和第三方物流相结合的方式来布局物流。

京东拥有全国电商领域规模最大的仓储设施网络,截至2015年年底在全国范围内拥有7大物流基地。7大物流基地中已有6个"亚洲一号"智能物流中心投入使用。此外,在50座城市运营213个大型仓库,仓储设施总面积约400万平方米,覆盖2356个区县。与仓储网络相配套的是京东强大的配送资源,目前京东在全国范围内有5367个配送站和自提点、59000多名自有配送员工、近1000条自营线路、4700多辆自营车辆、6000多名司机。京东超过85%的自营订单实现了当日和次日达配送,物流效率和服务质量居于行业领先水平。

京东完善的物流基础设施及配送资源,使得全国日均订单处理能力超过300万单,能够为消费者提供211限时达、次日达、夜间配、1小时达和2小时极速达、GIS包裹实时追踪、快速退换货以及家电上门安装等诸多专业服务,保障了消费者良好的购物体验。即便在"6·18""双11"等促销高峰期,京东仍然保持高效稳定的物流服务水平。

2. 直击"亚洲一号"物流中心

为了构建覆盖全国主要城市的现代化、自动化电子商务物流运营网络,支撑和推动公司业务的持续发展,京东于2010年启动了"亚洲一号"项目。"亚洲一号"项目是经过定制化设计、有针对性建设的可以满足不同品类商品、不同业务流程的智能化物流中心。"亚洲一号"可处理京东在线销售的3C类、日用百货类、食品母婴类以及图书类共近300万个商品品规,从一枚戒指到一台冰箱,不同类型、体积、材质的商品,都可以快速妥善完成订单处理。已经运营的"亚洲一号"业务范围辐射当地及周边多个省市,形成了强大的网络体系,很好地提升了京东的订单履约时效和客户体验。此外,"亚洲一号"不但能满足京东自营业务的发展需求,同时也向社会开放,为入驻京东的商家提供优质高效的仓配一体化物流服务。

1)高效的作业流程

"亚洲一号"物流中心由立体仓库区、阁楼货架区、复核包装区、分拣区四大区域构成,主要作业流程包括入库、存储、补货、拣货、生产(复核打包)、分拣六个环节。

(1)入库。供应商通过京东预约系统进行预约,到达园区后根据预约号进行月台分配。京东收货员对商品逐一验收,合格商品通过输送线进行上架存储。

(2)存储。根据到货量,信息系统自动进行入库流向判断,指引工作人员将商品送往AS/RS立体库存储区或阁楼货架存储区。

(3)补货。智能补货系统能实时监控库存水平,自动触发补货任务。

(4)拣货。拣货员通过智能终端设备获取拣货任务,将拣选出的商品放入周转箱,再将完成拣货作业的周转箱就近投放至输送线。为进一步提高拣选效率,"亚洲一号"部分项目已采用货到人拣选系统。

(5)生产(复核打包)。拣货完成的商品输送至生产区,进行复核、打包作业。为进一步提高作业效率,京东将逐步试点、推广采用包装自动化系统。

(6)分拣。采用了自动输送系统和全球领先的分拣系统,实现了包裹的自动分拣。

2)智能化物流系统

高效的作业流程离不开大量自动化装备的应用,自动化立体仓库(AS/RS)、自动分拣机等先进设备的应用大大提升了"亚洲一号"整体运行效率。

以上海"亚洲一号"为例,AS/RS立体库的货架高24米,实现了高密度自动化储存和拣选,与普通托盘货架存储方式相比,存储效率提升3倍;多层阁楼系统配备了自动提升设备及输送系统等自动化设备,实现了半自动补货、快速补货、多层阁楼自动输送、系统自动分配复核等,实现了巨量SKU的高密度存储和快速准确的订单履约。自动化的输送系统和全球领先的分拣系统,使得上海"亚洲一号"的分拣处理能力超过20000件/小时,分拣准确率高达

99.99%,彻底解决了人工分拣劳动强度大、作业效率低、分拣准确率低的问题。

此外,先进的设备需要信息系统的支持。"亚洲一号"的仓库管理系统、仓库控制系统、分拣和配送系统等整个信息系统均由京东自主开发。在入库环节,京东的仓库管理系统会自动完成月台分配、入库流向指引并推荐最优储位。在生产环节,"亚洲一号"依靠系统实现自动排产、智能提货与定位、拣选路线优化,并通过实时运算合理分配任务和实时调度,保证作业人员的作业均衡,提升物流运营效率。

3)平稳运营,效果显著

"亚洲一号"系列项目陆续投入运行,使得京东的仓储系统建设能力和物流运营能力有了极大的提高。2015年的"双11","亚洲一号"的自动化运营模式在海量订单的冲击下仍然运营平稳,广州"亚洲一号"物流中心单仓日出库订单量突破50万单,创造了新的行业纪录。

资料来源:王玉.京东日趋完善的物流体系建设[J].物流技术与应用,2016(5).

 思考题

1.21世纪,许多公司正在关注物流通道,以满足顾客对更短的交货周期或反应时间的需要。仓储怎样帮助公司获得更快的反应时间?

2.21世纪许多大型的生产商对公共仓库的使用率不断上升。为什么生产各种消费品的公司如宝洁,要转向使用公共仓库?

3.仓储布局设置的原则是什么?为什么要这样设置?

4.现代仓库保管技术有哪几种?各有什么优劣势?

第 7 章 运输管理

本章要点

知识要点	掌握程度
运输的作用	了解
运输的基本原理	掌握
基本运输模式	重点掌握
运输合理化	掌握
运输运作方式的选择	了解
运输成本的管理	了解

导入案例

中缅原油管道工程是"一带一路"在缅甸实施的先导项目。该管道起点位于缅甸西海岸的马德岛,终点为云南石化,全长 1416 公里,设计年输量为 2200 万吨/年。2017 年 6 月 7 日,中缅管道原油在境内经过 19 天的平稳输送,顺利抵达云南石化,标志着中缅原油管道国内段一次投产成功,并由此开辟了我国第四条原油进口通道。与绕行马六甲海峡相比,中缅原油管道缩短运送里程 1820 海里,降低了运输风险和运输成本。中缅原油管道的建成,填补了我国西南部四川、重庆、云南、贵州、西藏广大地区没有原油供应和炼油厂的空白,所需油品全靠兰成渝管道和沿长江逆流而上。另外,原油从马六甲海峡到达我国南部港口,再用管道输往昆明、成渝地区,运输成本比从马德岛上岸、通过中缅管道到昆明要高。

7.1 运输的作用

运输的作用是克服产品的生产与需求之间存在的空间和时间上的差异。运输首先实现了产品在空间上移动的职能,即产品的位移。无论产品处于哪种形式,零部件、配件、在制品或成品,又或是在流通中的商品,运输都是必不可少的。运输的主要功能就是将产品从原产地转移到指定的地点,运输的主要目的就是要以最少的时间和费用完成物品的运输任务。

通过位置移动,运输对产品进行了增值,也就是产生了地点效用。商品最终流入顾客手中,运输成本构成了其价格的一部分,运输成本的降低可以达到以较低的成本提供较高水平客户服务的效果。

运输有时也可以对产品进行临时储存,因此,对产品的储存也是运输的功能之一。如果转移中的产品需要储存,而短时间内产品又将重新转移的话,卸货和装货的成本也许会超过储存在运输工具中的费用,这时,将运输工具作为暂时的储存工具是可行的。另外,在仓库空间有限的情况下,利用运输工具储存产品可能是昂贵的,但如果需要考虑装卸成本、储存能力的限制等,那么从总成本或完成任务的角度看,用运输工具储存通常都是合理的。

运输还直接影响着机构的运营。提供的运输服务的质量直接对一个机构的库存和缺货成本有影响,同时对该机构的经营成本也有影响。比如,如果一家公司为了将原材料从卖者手中运到工厂,将铁路运输改为航空运输,航空承运人能提高速度,减少转运时间,这使得公司在转运期内以低水平的库存就能满足需求,而且占用较少的仓库空间,产品的包装也不必过于严格,但是这些优势是以较高的运输成本为代价的。因此,一个公司不能凭空做出运输决策。公司需要用总成本或系统方法,考虑运输决策如何影响物流系统内的其他因素。

7.2　运输的基本原理

运输管理中要用到的两条基本原理是规模经济和距离经济。

7.2.1　规模经济

规模经济的特点是随着装运规模的增长,每单位重量的运输成本下降。例如,整车装运(车辆满载装运)的成本低于零担装运(利用部分车辆能力进行装运)。铁路或水路之类运输能力较大的运输工具,其每单位重量的费用要低于诸如汽车或飞机之类运输能力较小的运输工具。运输规模经济之所以存在,是因为有关的固定费用可以按整批货物的重量进行分摊。有关的固定费用包括运输订单的行政管理费用、运输工具投资以及装卸费用、管理以及设备费用等。规模经济使得货物的批量运输显得合理。

7.2.2　距离经济

距离经济的特点是每单位距离的运输成本随运输距离的增加而减少。距离经济的合理性类似于规模经济,尤其体现在运输装卸费用上的分摊。距离越长,可使固定费用分摊后的值越小,这样,每单位距离支付的费用就会很小。

7.3　基本运输模式

可以使用的基本运输模式有铁路、公路、水路、航空和管道五种不同选择。每种模式都有不同的特点,在特定环境下,最优选择要依赖运送物品的种类、场所、距离、价值等。例如,横穿英吉利海峡时会选择铁路或渡船模式;从武汉到长沙可以选择公路、铁路;如果想把咖啡从巴西运往阿姆斯特丹,会选用海运模式;如果想把天然气从墨西哥湾运往达拉斯,应选用管道模式;如果需要横跨大西洋的包裹快递服务,应采用航空运送。总的来说,大多数货物通过公路运送。

7.3.1 公路运输

公路运输如图 7-1 所示,其优点和缺点如表 7-1 所示。

图 7-1 公路运输

表 7-1 公路运输的优点和缺点

优点	缺点
1. 空间和时间方面具有充分的自由性,不受路线和停车站的约束,可以实行从发货人到受货人之间的"门对门"直达输送	1. 运输单位小,运输量与汽车辆数、乘务员数成正比,产生不了大批量输送的效果
2. 减少了转运环节,货物包装可以简化,货物损伤、丢失和误送的可能性很小	2. 动力费和劳务费较高,特别是长距离输送中其缺点较为显著
3. 购置汽车费用有限,一般企业都可以实现	3. 运行中驾驶人自由意志起主要作用,容易发生交通事故,对人身、货物、汽车本身造成损失
4. 自行运输和委托运输可以同时进行,自备车有充分的机动性,使用方便	4. 汽车数量的增多,会产生交通阻塞,使汽车运行困难,同时产生的废气、噪声也造成了环境污染

公路运输的以上特点决定了公路运输比较适宜在内陆地区用于短途运输,而且我们会发现用于制成品的公路运输要比原材料的运输多。另外,公路运输还可以与铁路、水路联运,可以深入山区及偏僻的农村进行旅客和货物运输,并且可以在远离铁路的区域从事干线运输。

7.3.2 铁路运输

铁路运输是陆地长距离运输的主要方式。铁路货物运输种类即铁路货物运输方式,按我国铁路技术条件,分为整车、零担、集装箱三种。

铁路运输如图 7-2 所示,其优点和缺点如表 7-2 所示。

图 7-2 铁路运输

表 7-2 铁路运输的优点和缺点

优点	缺点
1.提供长距离范围内的大宗商品的低成本、低能源运输,且较多地运输至少一整车皮的批量货物,其运输的经济里程一般在 200 公里以上 2.铁路货车在固定轨道线路上行驶,可以自成系统,不受其他运输条件影响,按时刻表运行 3.轨道行驶阻力小,不须频繁地启动、制动,具有重载、高速运行及运输单位大等特点 4.普及电气化铁路后,铁路的环保优势更加明显	1.设备和站台等限制使得铁路运输的固定成本高,建设周期较长,占地也多 2.铁路车辆必须在专用线路上行驶,而且车站之间距离比较远,缺乏机动性 3.运输的起点和终点常常需要与汽车进行转运,增加了搬运次数

综合考虑,铁路适于在内陆地区运送中长距离、大运量、时间性强、可靠性要求高的一般货物和特种货物。从投资效果看,在运输量比较大的地区之间建设铁路比较合理。

7.3.3 水路运输

水路运输是使用船舶及其他水上工具,通过河道、海上航道运送货物的一种运输方式。水路运输按船舶航行的区域可以划分为远洋运输、沿海运输、内河运输。远洋运输通常是指除沿海运输外的所有海上运输。沿海运输是指利用船舶在一国沿海区域各地之间的运输。内河运输是指利用船舶、排筏和其他浮运工具,在江、河、湖泊、水库及人工水道上的运输。

水路运输如图 7-3 所示,其优点和缺点如表 7-3 所示。

图 7-3 水路运输

表 7-3 水路运输的优点和缺点

优点	缺点
载运量大,运费低,耗能少,投资省,可不占用或少占用农田	1. 受自然条件限制,连续性差,速度慢,联运货物要中转换装,延缓了货物的送达速度,也增加了产生货损、货差的可能性 2. 国际局势的动荡(恐怖袭击、海盗等)会加大水路运输的风险

总的来说,水路运输的综合优势较为突出,适合于运距长、运量大、时间性要求不太高的各种大宗物资的运输。

7.3.4 航空运输

航空运输是指使用飞机、直升机及其他航空器经由特定航线停靠专门空港,对人员、货物实现空间位移的一种现代运输方式。

航空运输如图 7-4 所示,其优点和缺点如表 7-4 所示。

图 7-4 航空运输

表 7-4 航空运输的优点和缺点

优点	缺点
1. 运送速度快，普通喷气式飞机时速一般在 600～800 千米 2. 速度优势使航空运输适合运输对时间要求较苛刻的产品，如鲜活商品和季节性商品 3. 航空运输保管制度完善，产生货损、货差的现象较少，包装可相应地简化，降低了包装费用和保险费用，同时加快了资金周转速度	1. 航空货运的固定成本较低，航空货运的固定成本与购买飞机有关，也与所需特殊的搬运系统和货物集装箱有关 2. 由于燃料消耗、维修保养以及飞行人员和地勤人员费用较高，航空货运的变动成本是极高的

总体来说，航空运输的运行速度最快，航线最直，但运费高、运量小、耗能大，目前主要负担国内各大城市和国际旅客运输以及报刊邮件和急迫、鲜活贵重物资的运输。

7.3.5 管道运输

管道运输是指用管道作为运输工具的一种长距离输送液体和气体物资的运输方式。管道运输所运货物大多属于资源类，主要有油品（包括原油、成品油、液化石油气等）、天然气、二氧化碳气体、煤浆及其他矿浆等。

现代管道运输始于 19 世纪中叶，1985 年美国宾夕法尼亚州建成了第一条原油输送管道。第二次世界大战后石油工业高速发展，管道的建设进入了一个新的阶段，各产油国开始竞相兴建大量石油及油气管道。从 20 世纪 60 年代开始，输油管道的发展趋于采用大管径、长距离的方式，并逐渐建成成品油输送的管网系统。同时，用管道输送煤浆的尝试也开始了。

管道按货物性能可分为固体管道（固体粉碎后加水成浆状）、气体管道、液体管道；按货物种类可分为原油管道、成品油管道、天然气管道、二氧化碳气管道、液化气管道、煤浆和其他矿浆管道等。但是目前也逐步发展到粉粒体的近距离输送，如粮食、矿粉等，并且还研究了将轻便物体放在特定的密封容器内，在管道内利用空气压力进行输送，如书籍文件、实验样品的输送。随着技术的进步，输送对象的范围在不断扩大。

管道运输的特点是运量大、占地少、建设周期短、费用低、安全可靠、连续性强、耗能少、成本低，但灵活性差。除广泛用于石油、天然气的长距离运输外，还可运输矿石、煤炭、建材、化学品和粮食等。管道运输可省去水运或陆运的中转环节，缩短运输周期，降低运输成本，提高运输效率。

管道运输如图 7-5 所示。

7.3.6 不同模式的绩效评级

根据经验，最廉价的运输模式也是最无弹性的。各种运输方式的运营都有其特殊的优势和劣势。如同上面所详细描述的那样，当进行运输决策时，管理人员必须结合每种运输方式的性能特征考虑其运价、速度、可得性、可靠性、运输能力、频率等。表 7-5 按照这样的标准列出了每种运输方式相关的营运特征排序。

图 7-5 管道运输

表 7-5 各种运输方式相关的营运特征排序

营运特征	铁路	公路	水路	航空	管道
运价	3	2	5	1	4
速度	3	2	4	1	5
灵活性	3	1	4	2	5
可靠性	2	5	3	4	1
运输能力	2	4	1	5	3

7.4 运输合理化

7.4.1 定义

运输合理化是指从物流系统的总体目标出发,合理利用各种运输方式,选择合理的运输路线和运输工具,以最短的运输距离、最少的环节、最快的速度和最少的劳动消耗,完成货物的运输任务。

7.4.2 影响运输合理化的因素

影响运输合理化的因素很多,起决定作用的主要有五个方面,即运输距离、运输环节、运输时间、运输工具和运输费用。

1. 运输距离

运输过程中,运输时间、运输货损、运输费用、运输车辆周转等与运输有关的经济指标,都与运输距离有一定的比例关系,运输距离长短是运输是否合理的一个最基本因素。

2. 运输环节

增加运输环节不但会增加起运的运费和总运费,而且必然要增加运输的附属活动,如装卸、包装等,各项技术经济指标也会因此下降。所以,减少运输环节能促进合理运输。

3. 运输时间

运输时间的缩短有利于运输车辆的快速周转,能够充分发挥运力的作用,同时有利于加速资金的周转,也有利于运输线路通过能力的提高。

4. 运输工具

各种运输工具都有其特点和优势,只要根据不同的商品特点将各种运输工具合理搭配,选择最佳的运输工具和运输路线,才能发挥出各种运输工具的优势、降低运输成本。

5. 运输费用

运输费用在物流费用中占有很大比例,运费高低在很大程度上决定整个物流系统的竞争能力。实际上,运费的相对高低,无论对货主还是对物流企业都是运输合理化的一个重要标志。运费的高低也是各种合理化措施是否行之有效的最终判断依据之一。

7.4.3 不合理运输的表现

物流不合理运输是指违反客观经济效果,违反商品合理流向,不能合理利用各种运力的运输。其主要表现为以下几种形式:

1. 空驶现象

空驶现象是指返程或启程空驶,货车无货可装。在实际运输调度过程中,有时候必须调运空车,从管理上不能将其看成不合理运输。但是,因调运不当或货源计划不周而造成的空驶,是不合理运输的表现。

2. 对流运输

对流运输亦称"相向运输""交错运输",在同一线路上或平行线路上做相对方向的运送,而与对方运程的全部或一部分发生重叠交错的运输称对流运输。简单地说,就是指同一种货物,两地互相运输。

3. 倒流运输

倒流运输又称返流运输,是指物资从产地运往销地,然后又从销地运回产地的一种回流运输现象。

4. 迂回运输

迂回运输是指物资运输舍近求远、绕道而行的现象。物流过程中的计划不同、组织不善或调运差错都容易出现迂回现象。

5. 重复运输

重复运输是指某种物资本来可以从起运地一次直运到达目的地,但由于批发机构或商业仓库设置不当,或计划不周,人为地运到中途地点(如中转仓库)卸下后,又二次装运的不合理现象。重复运输增加了一道中间装卸环节,增加了装卸搬运费用,延长了商品在途时间。

6. 过远运输

可以就地或就近取得某种物资供应,却舍近求远从外地运来同种物资称为过远运输。除了资源分布和生产力分布决定的远距离运输外,凡是因管理组织工作不善、供销联系不妥而产生的长距离运输,均称为过远运输。

7. 运力选择不当

运力选择不当是指未正确选择合适的运输工具而造成的不合理现象。常见的运力选择不当有以下几种形式：弃水走陆、铁路、大型船舶的过近运输，运输工具承载能力选择不当。

8. 托运方式选择不当

托运方式选择不当是指本来可以选择整车运输却选择了零担、应该直达却选择了中转运输、应当中转却选择了直达运输等，造成运力浪费及费用支出加大的一种不合理运输。

上述各种不合理运输形式都是在特定的条件下表现出来的，在进行判断时必须注意不合理运输的前提条件，否则就容易出现判断失误。还有，对以上不合理运输的描述，主要是从微观方面观察得出的结论。在实践中，必须将其放到物流系统中做综合判断；否则，很可能出现"效益悖反"现象。

7.4.4 运输合理化的措施

1. 提高运输工具实载率

提高实载率就是充分利用运输工具的额定能力，减少车船空驶和不满载行驶时间，减少浪费，从而求得运输合理化。

2. 减少动力投入，增加运输能力

运输投入主要是能耗和基础设施的建设，在运输设施固定的情况下，尽量减少能源动力投入，从而节约运费、降低运输成本。如在铁路运输中，在机车能力允许的情况下，多加挂车皮；在公路运输中，实行汽车挂车运输，以增加运输能力。

3. 尽量发展直达运输

直达运输是追求运输合理化的重要形式，其核心是通过减少中转次数，提高运输速度，节省装卸费用，降低频繁装卸所造成的货物损失。

4. 配载运输

配载运输一般是指将轻重不同的货物混合配载，在以重货运输为主的情况下，同时搭载一些轻泡货物，合理利用运力，减低运输成本。这也是提高运输工具实载率的一种有效形式。

5. "四就"直拨运输

"四就"是指就厂直拨、就站直拨、就库直拨和就船过载，从而减少中转运输环节，实现以最少的中转次数完成运输任务。

6. 通过流通加工，实现合理化运输

有不少产品，由于产品本身形态及特性问题，很难实现满载运输，很难充分利用运力。如果进行一些适当的加工，这样就能解决不能满载运输的问题，从而实现合理化运输。

7.5 运输运作方式的选择

7.5.1 自有运输

自有运输是一种企业利用自己的运输车队进行运输的方式。其优点是灵活、易控制。自

有运输可以适应公司的需要,使用最佳的车辆类型、规模、运输时间和客户服务等。

但这种方式运输费用昂贵,而且公司投资在运输车队上的资本可以替代用于公司其他方面的经营费用。因此,只有在比使用第三方承运人更廉价时,公司才运营自己的车队。当然,也有一些其他方法来避免车队的投资费用,比如通过租用的形式就可以拥有车辆。

7.5.2 第三方运输

第三方运输是指由专业运输公司为其他企业提供一系列服务。这种方式的优点是由专业的公司经营运输,企业可以集中精力于核心业务。通过利用专业的技术,运输公司能比自有运输提供更好的服务或更低的成本。它们可以规模很大,以实现规模经济和降低成本,并能得到很多运营优势。例如,可以通过将小批货物组合成大批量,从而减少目的地间的运输次数。

大多数第三方运输由公共承运人提供。例如,如果你想将包裹寄到美国,也许你会使用联邦快递公司的包裹递送服务,它就是公共承运人。当然,一些公司还可以与合同承运人形成长期的联系,来进行第三方运输。

7.5.3 复合运输

复合运输也称为多式联运,是指行程中包含了两种或两种以上不同的运输方式。在前面的讨论中,我们已经看到一系列影响运输方式选择的因素,但企业没有必要全程都应用一种模式,最优选择通常是将行程分为几个阶段,每个阶段利用最优模式。当然这要依赖路况、相对成本和模式间转换的费用等几个因素。例如,如果想将物料从中国的兰州运往波兰的华沙,应首先将物品装上卡车,然后用火车转运至上海,然后装船运达鹿特丹,再利用公路横跨欧洲,最后用卡车在当地运输。行程中用到几种运输模式就称为复合运输,如图 7-6 所示。

图 7-6 复合运输

复合运输的目标是组合几种运输方式的优点,同时避免各自的缺点。其核心是模式间的物料转换系统,要实现无缝运输,最佳方法就是采用统一标准化的装卸措施。实际上,就是先把所有的物料放入标准集装箱(一个大的长方形盒子),再用专门设备运输这些集装箱。

背负式运输就是其中的一种类型,即卡车开上火车,铁路和汽车运输相互协作的一种特殊形式的集装箱运输。在背负式运输中,承运人把拖车放在铁路平板车上,而铁路平板车可以通过铁路长距离运送拖车。最后,汽车承运人为短途的交付进行拖车的移送。这种方式集铁路的长途、低成本优势和汽车的易用性、灵活性于一身,是长距离的快速运输方式。

7.6 运输成本的管理

7.6.1 影响运输成本的相关因素

承运人在制定运费的时候,必须对以下几个因素进行综合考虑。这个顺序也体现了各个因素的重要程度。

1. 距离

距离是影响运输成本的主要因素,因为它直接对燃料和维修保养等变动成本产生作用。

2. 装载量

由于运输中存在着规模经济,从而装载量的大小也会影响运输成本。因此小批量的装载应整合为更大的装载量。

3. 空间利用率

空间利用率是指产品的具体尺寸及其对运输工具的空间利用程度的影响。由于有些产品的形状和尺寸很特殊,往往不能很好地利用空间。此外,该因素还受到装运规模的影响,大批量产品往往能相互嵌套,能较好利用空间。

4. 搬运的难易程度

显然,可以用通用设备搬运的产品容易搬运,而特别的搬运设备则会提高总的运输成本。另外,其包装方式,如装箱或用带子捆起来等,也会影响搬运成本。

5. 责任

责任主要关系到产品损坏的风险,要考虑的因素是易损坏性、损害责任、易腐性、易被盗窃性、易自燃自爆性等。高价值产品一般比较容易受损,也容易被盗窃。当承运人承担的责任较大时,他可以索要较高的运输费用。当然,承运人会通过向保险公司投保来预防可能发生的索赔,而托运人则可以通过改善保护性包装,或通过减少产品损坏的可能性来降低其风险,从而降低运费。

6. 市场因素

影响比较大的市场因素有运输方式间的竞争、市场的位置、政府对承运人的限制、运输活动的季节性等。

企业的物流管理人员必须了解以上这些因素的影响程度,掌握产品和装运的特点,从而使得运输费用降低到最低程度。

7.6.2 运输成本的结构

运输成本的结构主要是承运人该考虑的问题,不过,了解这一知识点有助于价格谈判,因此,对企业物流管理人员而言,它也是很重要的。

1. 变动成本

变动成本是与每一次运输直接相关的运送费用,包括劳动力成本、燃料费用、维修保养费等。一般而言,运输费用至少必须弥补变动成本。

2. 固定成本

固定成本是指在短期内不发生变化,但又必须得到补偿的那些费用。对于运输企业而言,固定成本包括站点、信息系统及车辆成本等不受装运量直接影响的费用。

3. 联合成本

联合成本是指决定提供某种特定运输服务而产生的不可避免的费用。例如,当决定把产品从A地运往B地,就意味着产生了从地点B返回地点A的回程运输的联合成本。住在郊区的人可能有这个体会,如果在市区乘出租车回郊区某个偏僻的位置,由于郊区人烟稀少,乘出租车到市区的需求量也几乎等于零,那么此时,你除支付正常乘出租车费用之外,还需另外支付一部分补偿出租车司机返程空载造成的成本。

4. 公共成本

公共成本是承运人代表所有托运人支付的费用,比如端点站、路桥费或管理部门收取的费用等,一般是按照装运数量分摊给托运人的。

7.6.3 具体定价策略

承运人向托运人定价时,主要有三种策略,即按服务成本定价、按运输价值定价和综合定价。按服务成本定价是从承运人的角度出发,按运输价值定价是从托运人角度出发。

1. 按服务成本定价

按服务成本定价是根据提供服务的成本加上毛利润来确定运输费用的一种方法。这种方法代表了基本或最低的运输费用,一般是对价值产品或在高度竞争的情况下使用的一种定价方法。

2. 按运输价值定价

按运输价值定价方法是根据托运人所能感觉到的服务价值,而不是实际提供这种服务的成本来收取运费的。例如,托运人感觉到,运输电器比运输纸张更有价值,托运人可能愿意支付更多的运输费用。因此,对于高价值产品,承运人会趋向于使用这种方法来定价,这样可以收取较高的运输费用。

3. 综合定价

综合定价策略即在最低的服务成本和最大的运输服务价值之间来确定中间水平的运输价格。因此,物流管理人员要了解运价浮动的范围和可供选择的策略,以便在谈判时有所依据。

 研究案例

中远集团的集装箱运输与新亚欧大陆桥

随着中国北疆铁路与哈萨克斯坦上西铁路接轨,一条濒临东海连接我国主要港口,西出新疆阿拉山口、横穿亚欧大陆、终抵大西洋东岸西欧各港口的新亚欧大陆桥已全线贯通。这条新大陆桥的开通,对于形成亚欧非三大洲、太平洋、大西洋的物流新格局,促进我国中、西部地区的对外开放,加强我国远洋运输在国际集装箱运输中的地位,都具有重要的意义和作用。

1. 中远集团的国际集装箱运输

作为中国最大的航运企业集团,中远集团在发展远洋航运事业方面紧跟世界科学技术前进的步伐,从船舶运输、国际物流、信息处理等方面,均应用了世界最先进的技术。目前,中远集团拥有各类大型运输船舶579艘1662万载重吨,航行于世界150多个国家和地区的1100多个港口,其中集装箱运输船队数量居世界各航运公司第二位,共拥有船舶156艘,总箱位17.4TEU。中远集团是以中国远洋运输(集团)总公司为核心,由中远集装箱运输总部、中远散货运输总公司、中远国际货运总公司、中国外轮代理总公司、中国船舶燃料供应总公司等大型企业组成,以国际航运为中心,集多种业务为一体,跨国家、地区、行业经营的大型企业集团。

国际集装箱运输是中远集团的龙头产业之一。1994年以来,中远集团陆续投入了技术先进的3500～3800TEU全集装箱船13艘,服务航速达23.5节,比原有集装箱船提高近30%,可缩短交货期,提高了服务质量,降低了运输成本,使中远集团在世界三大航线的集装箱船的单船载箱有了很大的提高。

在大陆桥的利用方面,中远集团作为跨国运输公司,除已充分利用北美大陆桥实现国际集装箱运输的多式联运以外,在国内也通过全国8个最大的口岸站——天津、大连、广州、上海、青岛、满洲里、二连、深圳等接运国际集装箱。为了促进新亚欧大陆桥集装箱运输的沟通,已试运过天津港经二连至蒙古以及从阿拉山口出境的陆桥集装箱运输,收到了一定的效果。

2. 大陆桥运输

目前世界上主要的大陆桥运输线路有以下两个。

1)贯穿北美东西海岸的北美大陆桥

在跨越4500多千米的美、加东西部,有数条铁路线从太平洋岸到大西洋岸。美国柏灵屯铁路公司,每天从西雅图港开出8列双层列车,能连接美国其他铁路,妥善地回转集装箱,年运量达30余万TEU。铁路公司可以帮助组织回头货源,整个大陆桥运输快捷,跨越美国西东两岸,从西雅图到纽约或孟菲斯运行时间仅100小时,从西雅图至芝加哥为62小时。北美另一家铁路公司——加拿大太平洋铁路公司也经营北美陆桥运输,经营铁路线里程达11850千米,采用双层平板车运输进出口集装箱。服务的线路有温哥华至多伦多、蒙特利尔,温哥华至芝加哥等。列车运行时间分别为110小时和70小时,年运量达20余万TEU。

中远集团已开辟中国—长滩、奥克兰,中国—西雅图、温哥华以及中国美东航线,均为每周一班,采用大型集装箱干线班轮,3500TEU大型集装箱船已投入营运,世界最大的5250TEU集装箱船投入该航线营运,年运量达数十万TEU。其运输货物大多为运往北美内陆的消费品,并利用北美大陆桥进行转运,开展门到门的国际集装箱多式联运。

2)新亚欧大陆桥

跨越西伯利亚的亚欧大陆桥是由日本和苏联两个国家发起开辟的。它发挥了地理的优势,加快了船舶和货车等运输工具的周转,大大提高了运输效率,得到稳步的发展,深受各国客户和转运公司欢迎。

尽管西伯利亚大陆桥的运量在波动,但获利甚巨。根据有关资料:由日本各港至纳霍德卡港至西伯利亚大陆桥到布列斯特路径,年运7万箱可收入1.3亿美元,是一项创汇相当可观的运输收入。所以,俄罗斯目前正在采用一系列措施,发展西伯利亚大陆桥运输。

西伯利亚大陆桥以日本至欧洲/中近东(伊朗、阿富汗)的集装箱运输为主。俄罗斯为了开办过境集装箱运输业务,成立了全俄过境运输总公司。全俄过境运输总公司作为总的组织者,安排日本各港到欧洲各收、交货点的运输。远东和欧洲的有关运输业者,则从事这一大陆桥的订舱业务,并在两端开展转运服务,使之成为一种联运。日本各港至俄罗斯东部港口之间的运输,由日俄双方共同派船承担。西面铁路运输由 INTERCONTAINET 公司承担。公路运输由俄罗斯和波兰共同派汽车承担。全程运输天数合计约 35 天。

为进一步扩大我国与东亚、中亚、西亚和欧洲的经济技术合作与交流,加快我国东、中、西部的经济发展,进一步寻求和开辟亚洲与欧洲之间的新大陆桥,已成为当今世界各国交通运输业和客商所共同关注的重大问题之一。其中最具有现实意义的是东起日照港、连云港、上海港,南连广州港、深圳港,经陇海线和兰新线横穿我国大陆,由新疆阿拉山口进入中亚地区,最终与黑海、地中海以及大西洋东岸的各港相衔接的新亚欧大陆桥。该大陆桥运输线的贯通,进一步缩短了亚欧之间的运输距离,运费更低,时间更短,以快速、安全的运输方式来满足各国对过境集装箱运输的需要。特别是在俄罗斯西伯利亚铁路能力不足和东部港口冰冻期间,对世界各国集装箱运输起可靠的保证作用。因此,新亚欧大陆桥的沟通,对国际贸易和我国外贸事业的发展具有重大的意义。

据分析,新亚欧大陆桥目前处于一个非常有利的发展时期。世界经济全球一体化加速发展,使得国际贸易的发展快于世界经济的增长;而世界贸易量的 90% 以上是通过港口和海运业来完成的。国际经济和贸易的发展使得箱货的箱化率和箱货运输增长率也相应提高。箱货运量在整个海运贸易中的比重从 20 世纪 60 年代的 12%~14% 上升到目前的 23% 左右。

3. 国际集装箱多式联运业进入综合物流时代

随着跨国公司大规模向世界各地渗透并进行跨国生产、经营和销售,世界消费者的需求正变得越来越接近,从而将形成一个全球统一的贸易市场。另一个方面,全球资源市场也趋向一体化。世界资源市场的集中性和产品市场的趋同性,朝着利于多式联运的方向发展,这就给世界运输业特别是远程多式联运产业带来了发展的机遇。国际多式联运的发展对其质量也提出了更高的要求。随着托运人对多式联运质量要求提高,多式联运经营人要想在全球市场上生存与发展,就必须打破限制,将服务范围扩展到各种运输服务领域。集装箱船公司除了经营传统的海运业务以外,还必须介入陆上运输、内陆货运站、代理、仓储和流通领域,根据多式联运有关的广泛市场的动向以及需求者和托运者的各种需求来控制货物的运输过程,从而使国际多式联运产业进入综合物流的新时代。面向 21 世纪,综合物流管理将成为推动世界集装箱多式联运业的最重要的力量。

中远集团作为跨国运输公司,充分利用北美大陆桥实现了国际集装箱运输的多式联运,通过全国八个最大的口岸站接运了国际集装箱,促进了新亚欧大陆桥集装箱运输的沟通,收到了一定的效果。同时,集团注重提高服务质量,降低运输成本,提高了经济效益。

 思考题

1. "由于电子商务和其他新技术的发展,运输的重要性减小了。"你认为这种观点正确吗?

2. "运输管理较差的企业的绩效比竞争者差,因而变得不具有竞争力;而运输管理较好的企业则可以从其他业务转移能力。"这个论点对一个企业内部的运输管理意味着什么?

3. 通常情况下,公司通过铁路把低成本部件运往装配工厂,但当工厂面临缺货时,公司通过飞机运送部件。公司使用飞机对成本有何影响?

4. 在何种情况下复合式运输具有优势?

5. 在国内和国际货运中,集装箱充当什么角色?

第 8 章 包装、装卸和搬运

 本章要点

知识要点	掌握程度
包装	掌握
装卸搬运	了解
流通加工	了解

 导入案例

一个价值 600 万美元的玻璃瓶

说起可口可乐的玻璃瓶包装,人们至今仍广泛称道。1898 年,鲁特玻璃公司一位年轻的工人亚历山大·山姆森在同女友约会时,发现女友穿的筒形连衣裙非常好看。约会结束后,他突发灵感,根据女友的这套裙子设计了一个玻璃瓶。经过反复修改,亚历山大·山姆森将瓶子设计得非常美观,如同一位亭亭玉立的少女,他还把瓶子的容量设计成刚好能盛装一杯水。瓶子试制出来之后,获得大家的交口称赞。有市场意识的亚历山大·山姆森立即到专利局申请专利。

当时,可口可乐的决策者坎德勒在市场上看到了山姆森设计的玻璃瓶后,认为其非常适合作为可口可乐的包装。于是他主动向山姆森提出购买这个瓶子的专利。经过一番讨价还价,最后可口可乐公司以 600 万美元的价格买下了这个专利。要知道在 100 多年前,600 万美元可是一项巨大的投资。然而实践证明,可口可乐公司这一决策是非常正确的。亚历山大·山姆森设计的瓶子不仅美观,而且使用非常安全,易握且不易滑落。此外,由于瓶子的结构为中大下小,当用它盛装可口可乐时,给人分量很多的感觉。采用亚历山大·山姆森设计的玻璃瓶作为可口可乐的包装以后,可口可乐的销售量飞速增长,在两年的时间内,销量翻了一番。

从此,使用山姆森玻璃瓶作为包装的可口可乐开始畅销美国,并迅速风靡全球,600 万美元的包装投入为可口可乐公司带来了数以亿计的回报。

8.1 包装

8.1.1 包装的概念

包装既是构成商品本身的重要部分,又是物流活动的重要职能,也是实现商品价值和使用价值的手段之一,它与整个社会生产过程和人们的日常生活有着密切的联系。

包装的含义是一个随着社会发展而不断延伸的动态概念。中华人民共和国国家标准《物流术语》(GB/T 18354—2006)中将包装定义为:"为在流通过程中保护产品、方便储运、促进销售,按一定技术方法而采用的容器、材料以及辅助物等的总体名称。也指为了达到上述目的而采用容器、材料和辅助物的过程施加一定技术方法等的操作活动。"美国包装协会对包装的定义为:"包装是使用适当的材料、容器,而施于技术,使其能将产品安全运达目的地,即在产品运输过程中的每一个阶段,不论遇到怎样的外来影响,皆能保护其内装物,而不影响产品价值。"而日本作为最早实现包装标准化的国家之一,其工业标准对包装所下的定义为:"包装是指便于物品的运输及保管,并维护商品之价值,保持其状态,而以适当的材料或容器对物品所实施的技术及其实施后的状态。"

随着经济的发展以及市场竞争的日益激烈,包装已经成为刺激消费者、扩大销售、增加产品附加值的秘密武器。包装的优劣关系到商品能否完好无损地送达消费者手中,包装的外观也影响到商品的竞争力。

8.1.2 包装的基本功能

包装的功能是指包装与产品组合时所具有的作用。一般来说,包装的功能主要有以下几个方面。

1. 防护功能

有些产品离开生产线到消费者手中需要几个月,乃至几年。在储运零售的过程中,要经历不同的人(包括消费者在内)的搬运。若要保证产品完好地送达消费者手中,通常要做到防潮、防挥发、防污染与防变质和腐烂。在有些地方,还要防热、防冷、防曝光和防氧化。产品的流通必须符合法律规定的标准,包装必须起到它应有的作用,如食品包装必须保证其原有成分稳定及质量安全等特征。

包装还必须有防震和防挤压的功能设计,以使产品的损坏率降到最低。还有很多产品需要"双重标准"包装,如香水、高级糖果等,为了防止阳光照射导致的变质,必须附加外层包装。对于那些易燃、易爆、易挥发、易腐蚀、易氧化的产品,特别是对人体有害、对环境造成污染的产品,应该进行特殊包装,并打上危险标志、加上说明性文字,这样才有利于储运、装卸、使用和保护环境。

包装的防护功能主要实现以下目的:

(1)防止产品破损变形。为了防止产品破损变形,产品包装必须能承受在装卸、运输、保管等过程中的各种冲击、振动、颠簸、压缩、摩擦等外力的作用,形成对外力的防御。在装卸搬运作业中,由于操作不慎,包装跌落,造成落下冲击,仓库储存堆码,使最底层货物承受强大的压力,由于运输和其他物流环节的冲击振动,这些都要求包装具有足够的强度。

(2)防止产品发生化学变化。为防止发生物资受潮、发霉、变质、生锈等化学变化,产品包装必须能在一定程度上起到阻隔水分、潮气、光线及空中各种有害气体的作用,避免外界不良因素的影响。

(3)防止有害生物对产品的影响。鼠、虫及其他有害生物对产品有很大的破坏性。包装封闭不严,会给细菌造成侵入之机,导致食品变质、腐败。

(4)防止异物混入、污物污染、丢失、散失和盗失等。

2. 方便功能

现代产品包装能为物流和日常生活带来许多便利,这对于提高工作效率和生活质量都有重要作用。包装的方便功能体现在以下几个方面：

（1）方便生产。对于不同批量生产的产品，包装能适应不同类型的生产企业机械化、专业化、自动化的生产需要，以最适宜的包装单位，兼顾资源能力和生产成本，尽可能地促进生产效率的提高。

（2）方便储运。在包装的规格、质量、形态上适合仓储作业，包装物上的标志、条形码便于识别、存取、盘点、验收及分类等作业，包装的尺寸与运输车辆（船、飞机）等运输工具的容积相吻合，这些均能提高装载能力及运输效率。

（3）装卸搬运。适宜的包装便于装卸搬运，便于使用装卸搬运机械提高效率。标准化的包装为集装提供了条件，并且能够极大地提高装卸搬运工具的装载能力。同时，包装容器的质量、体积、尺寸、形态等适宜运输工具的装卸，方便堆码和人工装卸货物。

（4）方便使用。合适的包装应使消费者在开启、使用、保管、收藏时感到方便。

（5）方便处理。部分包装功能具有重复使用的功能。例如，各种材料的周转箱、装啤酒或饮料的玻璃瓶，还有包装废弃物（纸包装、木包装、金属包装等）都可以回收再利用，一方面有利于保护环境，另一方面有利于节省资源。

3. 促销功能

包装是无声的推销员，良好的包装能引起消费者的注意，激发消费者的购买欲望。包装的销售功能是通过包装设计来实现的。优秀的包装设计，以其精巧的造型、合理的结构、醒目的商标、得体的文字和明快的色彩等艺术语言，直接刺激消费者的购买欲望，并导致购买行为。有些包装还具有潜在价值，如美观实用的包装容器，在内装物用完后还可以用来盛装其他物品。造型别致的容器、印刷精美的装饰，不但能提高产品售价，促进产品销售，同时还可以作为艺术鉴赏品收藏。

综上所述，包装的防护功能、方便功能和促销功能是与物流活动关系非常密切的。充分发挥包装的作用是促进物流合理化、快速发展的重要方面。

8.1.3 常用包装技术

1. 通用包装技术

通用包装技术是指充填技术、装箱技术、裹包技术、封口技术和捆扎技术等，包括所用的容器、材料和辅助物及所用的操作技术方法。

2. 防震包装技术

防震包装技术是指为了缓冲内装物品在搬运过程中所受到的振动和冲击，保护内装物免受损坏而采取的保护措施。该技术的重点是包装材料的选取和包装结构的科学设计。

3. 集装单元化技术

使用不同的方法和器具把有包装或者无包装的物品整齐地汇集成为一个扩大的、便于装卸搬运的、能够在整个物流过程中保持一定形状的作业单元的技术称为集装单元化技术，简称集装技术。

8.1.4 包装合理化

好的包装能够给产品增加附加价值，不恰当、不合理的包装则会起到相反的作用。物流活动中的包装管理追求的最终目标就是包装合理化。所谓包装合理化是指在包装过程中使用适当的材料和适当的技术,制成与产品相适应的容器,节约包装费用,降低包装成本,既满足包装保护产品、方便储运、促进销售的要求,又要提高包装经济效益的综合管理活动。

1. 包装的不合理表现

物流包装的不合理表现主要体现在包装不足和包装过剩方面,具体如下:

(1)包装不足:①物流包装强度不足。物流包装强度与包装堆码、装卸搬运有密切关系,强度不足,使其在物流中的性能不足,导致包装物在物流环节中破损。②物流包装材料不能承担防护作用。③物流包装容器的层次及容积不足。④物流包装成本过低,不能有效包装。

(2)包装过剩:①包装物强度设计过大,如包装材料的截面过大等,从而使包装防护性过强。②包装材料选择不当,材料质量过高,如可以使用纸板却采用镀锌、镀锡材料等,造成浪费。③包装技术过高,包装层次过多,包装体积过大。④包装成本过高,一方面可能使包装成本支出大大超过减少损失可能获得的效益;另一方面,包装成本在商品成本中的比例过大,损害了消费者的利益。

2. 包装合理化的主要措施

为了能够更好地实现包装在物流中的各项功能,满足物流主要环节对包装的要求,同时又能使包装成本最低,必须使包装合理化。包装合理化一般可以采用以下措施:

(1)根据物流实况设计包装。物流包装的保护功能应使物品在物流过程中能承受各种环境的考验,只有确切地掌握运输、储存、装卸、搬运等物流活动的实际情况,才能合理选用包装技术和包装材料进行有效设计,发挥最经济的保护功能。

(2)包装设计标准化。对于物流包装设计必须采用标准规格尺寸。按照硬质直方体运输包装尺寸系列选用合适的长、宽尺寸,这样同托盘、集装箱及运输车(船)、装卸搬运器械相匹配,能够在物流包装中获得最大载重量,提高装载率,降低物流成本。

(3)材料减量化、轻薄化。物流包装对商品主要起保护作用,因此,在强度、寿命等因素相同的条件下,尽量减少材料用量,使其轻薄化,不仅能降低物流包装成本,而且也可以减少废弃物数量,从而提高物流效率。

(4)注重作业的方便性。物品在物流过程中需要多次装卸搬运,因此物流包装设计必须重视作业的方便性。凡手工作业必须使人的疲劳程度降到最低;机械作业则应使其重量及体积与作业机械程度相适应。同时,还应该注重开箱的方便性。

(5)包装费用与内装物价值相适应。无论商业包装还是物流包装,杜绝过度包装、欺骗包装。

(6)包装方式集装化。物流包装方式集装化是通过集合包装技术方法来实现的。集装化有利于降低物流作业的劳动强度,缩短物流时间,加速车船周转,提高物流效率与效益;有利于多式联运,保证物品在物流过程中的安全,降低物流费用,促使物流包装系列化、标准化、规格化的实现。

(7)强化环保意识,减少包装污染。"绿色环保"已经成为当今社会的一个热点话题,发展无公害的绿色物流包装也是必然趋势。发展绿色包装主要有两条途径:一是研发绿色包装材料;二是物流包装废弃物的回收及综合利用。

8.2 装卸搬运

8.2.1 装卸搬运的概念

在整个物流过程中,商品装卸搬运是发生频率最高的一项作业,当商品运输或商品储存等作业发生的时候,商品装卸和搬运作业就会发生。它出现的频率远高于其他各项物流活动,每次装卸活动都要花费很长的时间,因此,装卸费用在物流成本中所占的比例也较高,为此装卸搬运往往成为决定物流速度的关键。

装卸是指物品在指定地点进行的以垂直移动为主的物流作业,即在一定范围内(工厂范围、仓库内部等)改变"物"的存放、支撑状态的活动。搬运是指在同一场所内对物品进行以水平移动为主的物流作业,即改变"物"的空间位置的活动。所以,装卸搬运是在某一物流节点范围内进行的,以改变物料的存放状态、空间位置为主要内容和目的的活动。

8.2.2 装卸搬运的特点

1. 装卸搬运是附属性、伴生性活动

装卸搬运是伴随生产与流通的其他环节发生的,是物流每一项活动开始及结束时必然发生的活动。无论是生产领域的加工、组装、检测,还是流通领域的包装、运输、储存,一般都以装卸搬运作为起始和终结。所以说,无论在生产领域还是流通领域,装卸搬运环节既是必不可少的,又与其他环节密不可分。因而,装卸搬运具有"伴生"和"起讫"的特点。

2. 装卸搬运是支持、保障性活动

装卸搬运对其他物流活动具有一定的决定性影响。装卸搬运会影响其他物流活动的质量和速度。例如,装卸出现问题,会引起货物在运输过程中的损失,还会给货物转换到下一节点带来不便。因此,许多物流活动在有效的装卸搬运支持下才能实现高水平的运转。

3. 装卸搬运是衔接性活动

在任何其他物流活动互相过渡时,都是以装卸搬运来实现的。因此,装卸搬运往往成为整个物流过程的衔接点,是物流各个过程之间能够形成有机联系和紧密衔接的关键,也是整个物流系统的关键。建立一个有效的物流系统,关键看这一衔接是否有效。比较先进的物流系统要着力解决装卸搬运与运输等其他活动之间的无缝衔接问题。

4. 装卸搬运是服务性活动

装卸搬运既不改变作业对象的物理、化学等方面的性质,也不改变作业对象的相互关系;不消耗作业对象,不占用大量流动资金,不产生有形的产品,而是提供劳动服务,是生产领域和流通领域其他环节的配套服务性作业。

5. 装卸搬运作业对象繁多

在生产领域和流通领域的装卸搬运作业过程中,接触的物品多种多样,包括原材料、零部件、半成品、成品等。它们在性质、形态、重量、体积及包装上都有很大的区别。即使是同一种货物在装卸搬运前的处理方法不同,也有可能产生完全不同的装卸搬运作业。另外,不同的运输方式、不同的存储方法在装卸搬运设备运用、装卸搬运方式选择上都提出了不同的要求。

6. 作业安全性要求高

装卸搬运作业需要人和机械、货物、其他劳动工具相结合,工作量大,情况多变,作业环境复杂,这些都导致装卸搬运作业中存在着不安全的因素和隐患。装卸搬运的安全性,一方面直接涉及人身,另一方面涉及物资。应创造适宜的装卸搬运作业环境,加强劳动保护,对任何可能导致不安全的因素都应设法消除,防患于未然。

8.2.3 装卸搬运设备

按照主要用途和结构特征分类,装卸搬运设备可以分为起重设备、连续输送设备、装卸搬运车辆、专用装卸搬运设备等。其中,专用装卸搬运设备包括托盘装卸搬运设备、集装箱装卸搬运设备、船舶装卸搬运设备和分拣设备等。按照货物种类分类,装卸搬运设备分为长、大、笨重货物的装卸搬运设备,散装物料的装卸搬运设备,成件物品装卸搬运设备,以及集装箱装卸搬运设备等。下面将分别介绍各种常见的装卸搬运设备。

1. 起重设备

起重机是一种能把货物垂直吊起,并且在有限的距离内水平搬运货物的机械设备。按其结构特点,起重机可以分为门式起重机、岸壁起重机、电动葫芦、桥式起重机、轮胎起重机等。图8-1和图8-2分别为门式起重机和岸壁起重机的实物图。

图8-1 门式起重机

图8-2 岸壁起重机

2. 连续输送设备

连续输送设备是以连续的方式沿着一定的路线从装货点到卸货点均匀输送货物和成件包装货物的机械设备。常见的输送机有带式输送机、斗式提升机、链式输送机、悬挂输送机、棍子输送机、气力输送机、震动输送机等。按不同的安装方式分类,输送机可分为固定式和移动式两大类。固定式输送机(见图8-3)是指整个设备固定安装在一个地方,不能再移动,主要用于固定输送的场合,如专用码头、仓库中货物的移动以及工厂工序之间的原材料、半成品和成品的输送。它具有输送量大、能耗低、效率高等特点。移动式输送机(见图8-4)是指整个设备安装在车轮上,可以移动,具有机动性强、利用率高等特点,适用于中小仓库。

图8-3 固定式输送机

图8-4 移动式输送机

带式输送机(见图8-5)由金属结构机架,装在头部的驱动滚筒,装在尾部的张紧滚筒,绕过头尾滚筒、沿输送机全长安装的上支承托辊、下支承托辊的无端输送带,以及包括电动机、减速器等在内的驱动装置、装载装置、卸载装置和清扫装置等组成。

3. 装卸搬运车辆

托盘搬运车又称托盘式叉车,它是以搬运托盘为主的搬运车辆。托盘搬运车包括手动托盘搬运车和电动托盘搬运车。托盘搬运车体形小、重量轻,主要用于区域内的装卸作业。托盘搬运车有两个货叉似的插腿,可插入托盘底部。插腿的前端有两个小直径的行走轮,用来支撑托盘货物的重量。图8-6为手动托盘搬运车。

图8-5 带式输送机

图8-6 手动托盘搬运车

平台搬运车是室内经常使用的短距离搬运车辆(见图8-7),一般情况下,采用蓄电池或者电动机作为驱动力。

图8-7 平台搬运车

牵引车是指具有牵引装置、专门用于牵引载货挂车进行水平搬运的车辆。牵引车按动力的不同,可以分为内燃牵引车和电动牵引车两种。如果按照动力大小则可以划分为普通牵引车和集装箱牵引车两种。牵引车实物如图 8-8 所示。

自动导引搬运车(automated guided vehicle,AGV)是指具有电磁或者光学导引装置(见图 8-9),能够按照预定的导引路线行走,具有小车的运行和停车装置、安全保护装置,以及具有各种移载功能的运输小车。

图 8-8　牵引车

图 8-9　自动导引车

8.2.4　装卸搬运合理化

在装卸搬运活动中,除了合理选用装卸搬运方法和设备外,还应采取相应措施,科学、合理地组织装卸搬运过程,尽量减少用于装卸搬运的劳动消耗。装卸搬运合理化应该把握以下要点:

1.防止和消除无效作业

无效作业是指在装卸作业活动中超出必要的装卸搬运量的作业。显然,防止和消除无效作业对装卸搬运的经济效益有重要作用。防止和消除无效作业可以从以下几个方面入手:

(1)尽量减少装卸次数。在整个物流过程中,装卸作业是反复进行的,从发生的频率来看,其超过了任何其他活动。装卸搬运次数的减少意味着物流作业量的减少,也就意味着劳动消耗的节约和物流费用的节省。

(2)提高被装卸物的纯度。进入物流过程的货物,有时混杂着没有使用价值的各种杂物,在反复装卸时,这些无效物质会反复消耗劳动,形成无效的装卸,所以要尽量减少物流过程中的无效物质,从而减少无效的装卸搬运。

(3)包装适宜。包装过大、过重会造成在装卸时消耗在包装上的劳动较多,这一消耗不是必需的,因而形成无效劳动。因此,消除多余包装或者包装适宜化可以减少无效的物流消耗,降低物流总成本。

(4)缩短搬运作业距离。物料在搬运当中,要实现水平和垂直两个方向的位移,选择最短的路线完成这一活动,就可避免超过这一最短路线从而形成无效劳动。

2. 充分利用重力

进行装卸搬运活动时,要充分考虑重力因素,可以利用货物本身的重量,将重力势能转变为促使物料移动的动能。

3. 提高装卸搬运的灵活性

被装卸搬运物料的放置处于什么状态关系着装卸搬运作业的效率。为便于装卸搬运,我们总是期望物料处于最容易被移动的状态。物料放置被移动的难易程度称为活载程度,也称为活性指数。日本物流专家远藤健儿教授把物料放置的活载程度分为0、1、2、3、4共五个等级。各个等级物料放置状态和活性等级如表8-1所示。

表8-1 物料的活性级别与状态

活性等级	物料状态
0级	物品杂乱堆放在地面上
1级	物品装箱或被捆绑
2级	箱子或被捆扎后的物料,下面放油枕木、垫板或者托盘,便于叉车或其他机械作业
3级	物品被放于台车上或用起重机吊钩钩住,即可以移动的状态
4级	待装卸搬运的物品已经处于可直接作业的状态

从理论上说,活性指数级别越高越好,但也必须考虑实施的可能性。例如,物料在储存阶段,活性指数为4级的输送带和活性指数为3级的车辆,在一般的仓库中很少被采用,这是因为大批量的物料不可能长期存放在输送带或车辆上。

4. 实现装卸作业机械化、自动化

随着生产力的发展和科学技术的不断进步,装卸搬运的机械化程度在不断提高。此外,由于装卸搬运的机械化能把员工从繁重的体力中解放出来,尤其对于危险品的装卸作业,机械化能保证人和货物的安全,这也是装卸搬运机械化程度得以不断提高的动力。

5. 组合化装卸

在装卸搬运过程中,根据不同物品的种类、性质、形状、重量的不同来确定不同的装卸方式。处理物料装卸搬运的方法有三种:一是分块处理,普通包装的物料逐个进行装卸;二是散

装处理,将颗粒状物品不加小包装而原样装卸;三是集装处理,将物料以托盘、集装箱、集装袋为单位进行组合后再装卸。

6. 合理规划装卸搬运方式和作业过程

装卸搬运环节是各作业线环节的有机组成,只有各环节相互协调,才能使整条作业线产生预期的效果。应使装卸搬运各环节的生产效率协调一致,相互适应。因此,要针对薄弱环节,采取措施,提高能力,使装卸搬运的综合效率不断提高。

8.3 流通加工

8.3.1 流通加工的概念

流通加工是一种特殊的物流功能要素,属于物流的辅助功能,是在物品从生产领域向消费领域流动的过程中,为了促进销售、维护产品品质和提高物流效率,对物品进行的加工,使物品发生物理变化、化学变化,以满足消费者的多样化需求和提高服务水平的需要。

中华人民共和国国家标准《物流术语》(GB/T 18354—2006)对流通加工的定义是:物品在从生产地到使用地的过程中,根据需要施加包装、分割、计量、分拣、刷标志、拴标签、组装等简单作业的总称。

流通加工为流通部门增加收益,弥补生产加工的不足,更好地衔接生产和需求环节,能更有效地满足用户和本企业的需要,是物流配送的组成部分,是物流活动中的一项重要增值服务。

8.3.2 与生产加工的区别

流通加工和一般生产制造在加工方法、加工组织、生产管理方面无明显区别,但在加工对象、加工程度方面差别较大。流通加工和生产加工合理配合,可以节约运输和配送成本,更好地满足客户需求。流通加工和生产加工的区别主要体现在以下几个方面:

1. 加工对象不同

流通加工的对象是进入流通过程的商品,具有商品的属性;生产加工的对象不是最终产品,而是原材料、零配件和半成品。

2. 加工程度不同

流通加工大多是简单加工,如解包分包、裁剪分割、组配集合等;生产加工一般是复杂加工。一般来说,如果必须进行复杂加工才能形成人们所需的商品,那么这种加工应专设生产加工过程,生产制造理应完成大部分加工活动。流通加工对生产加工只是一种辅助及补充,而绝对不是生产制造的替代。

3. 加工目的不同

生产加工的目的在于创造物资的价值和使用价值,使它们能成为人们所需的商品;流通加工的目的则在于完善其使用价值,主要是为了方便流通、运输、储存、销售、用户和物资充分利用。生产加工以交换和消费为目的,流通加工有时以自身流通为目的。

4. 加工实施的主体不同

从加工实施的主体来看,流通加工处在流通领域,由商业或物流企业完成;生产加工处在生产领域,由生产企业完成。

8.3.3 流通加工的地位与作用

1. 流通加工在物流中的地位

流通加工是国民经济中的重要加工形式。流通加工是整个国民经济的组织和运行中的一种重要的加工形态,对推动国民经济的发展、完善国民经济的产业结构和生产分工有一定的意义。

流通加工是物流业的重要利润来源。与生产型加工相比,流通加工是一种低投入、高产出的加工方式,往往以简单加工解决大问题。有的流通加工通过改变商品包装,使商品档次提升而充分实现其价值;有的流通加工将产品利用率一次性提高20%~50%,这是采取一般方法提高生产率所难以做到的。实践证明,由流通加工提供的利润并不亚于从运输和保管中挖掘到的利润,因此,流通加工是物流业的重要利润来源。

流通加工为配送创造条件,是物流配送的先导环节。物流配送是流通加工、整理、拣选、分类、配货、末端运输等一系列活动的集合。物流配送活动的开展依赖于流通加工;流通加工是配送的前沿,它是衔接储存与末端运输的关键。从开展配送活动的配送中心看,它们把加工设备的种类、加工能力看作对物资配送影响最大的因素。随着我国物资配送工作的广泛开展,流通加工也必然会得到深入的发展。

流通加工在实现时间和空间两个重要效用方面虽然都不及运输与仓储,但这不代表流通加工不重要,它起着运输、储存等其他功能要素无法起到的补充、完善和提高等作用。它是提高物流水平、促进物流业向现代化发展不可缺少的形态。

2. 流通加工的作用

(1)方便用户进行初级加工。用量小或临时需要的使用单位,缺乏进行高效率初级加工的能力,依靠流通加工可使使用单位省去进行初级加工的设备和人力,从而方便了用户。

(2)弥补生产领域的加工不足。流通加工实际是生产的延续,是生产加工的深化,对弥补生产领域加工不足具有重要的意义。有许多产品由于存在许多限制因素,在生产领域的加工只能到一定程度,这导致生产领域不能实现最终的加工。例如,钢铁厂的大规模生产只能按标准规定的规格生产,以使产品有较强的通用性,使生产能有较高的效率和效益。

(3)提高原料利用率。由于流通加工属于深加工,直接面对终端用户,因此,将生产厂商直接运来的简单规格的产品,综合多方需求,按用户的要求集中下料、合理套裁、充分利用边角料,能够做到最大限度地"物尽其用",减少浪费。

(4)创造产品附加值。商品生产的目的是创造价值,而流通加工是在此基础上增加商品的价值。在生产和消费之间,由于存在着生产的集中、大批量和消费者的分散、小批量之间的不匹配,形成规模化大生产与消费者之间的时间和空间间隔。流通加工在生产和消费者之间起着承上启下的作用,它把分散的用户需求集中起来,使零星的作业集约化,为广大终端用户提供更多的附加值,使客户的个性化需要得到更好的满足。

(5)充分发挥各种运输手段的最高效率。流通加工环节将实物的流通分成两个阶段:第一阶段是在数量有限的生产厂商和流通加工点之间进行定点、直达、大批量的远距离输送,可以采用船舶、火车等运量大的运输手段;第二阶段则是利用汽车或其他小型车辆来输送经过流通加工后的多规格、小批量的产品。这样可以充分发挥各种运输手段的作用,加快运输速度,节省运费运力。

(6)改变功能、提高收益。在流通加工过程中可以进行一些改变产品某些功能的简单加工。其目的除上述几点外,还在于提高产品销售的经济效益。例如,内地的许多制成品(如玩具、时装、工艺品等)在深圳进行简单的加工,提升了产品外观功能,仅此一项,就可使产品售价提高20%以上。

8.3.4 流通加工合理化

流通加工是在流通领域对生产的辅助性加工,从某种意义上讲它不仅是生产过程的延续,而且是生产本身或生产工艺在流通领域的延续。这个延续可能有正反两方面的作用,一方面可能有效地起到补充完善的作用,另一方面可能对整个过程产生负效应。流通加工作业管理就是要做到流通加工合理化,实现流通加工的最优配置。

1. 不合理流通加工的形式

(1)流通加工地点设置不合理。流通加工地点设置即布局状况,是使整个流通加工有效的重要因素。一般而言,为衔接单品种大批量生产与多样化需求的加工,加工地点设置在需求区,才能实现大批量的干线运输与多品种末端配送的物流优势。而如果将流通加工地设置在生产地区,则客户的多样化需求会造成产品多品种、小批量由产地向需求地的长距离运输的现象,提高了运输成本。同时还在生产地增加了一个加工环节,增加了近距离运输、装卸、储存等一系列物流活动。另外,即使在产地或需求地设置流通加工的选择是正确的,还有流通加工在小地域范围内的正确选址问题,如果处理不善,仍然会有不合理的情况出现。这种不合理主要表现在交通不便,流通加工与生产企业或用户之间的距离较远,流通加工点的投资过高,加工点周围社会、环境条件不良等。

(2)流通加工方式选择不当。流通加工方式包括流通加工对象、流通加工工艺、流通加工技术、流通加工程度等。流通加工方式的确定实际上是与生产加工的合理分工。分工不合理,本应由生产加工完成的,却错误地由流通加工完成;本应由流通加工完成的,却错误地由生产加工去完成,都会造成不合理性。流通加工不是对生产加工的代替,而是一种补充和完善。所以,一般而言,如果工艺复杂,技术装备要求较高,或加工可以由生产过程延续或轻易解决,都不宜再设置流通加工,尤其不宜与生产加工争夺技术要求过高、效益较高的最终生产环节,更不宜利用一个时期市场的压迫力使生产者变成初级加工者或前期加工者,而流通企业变成完成装配或最终形成产品的加工者。如果流通加工方式选择不当,就会出现与生产夺利的恶果。

(3)流通加工作用不大,形成多余环节。有的流通加工过于简单,对生产者或消费者的作用都不大,甚至有时流通加工的盲目性同样未能解决品种、规格、质量、包装等问题,相反却实际增加了一个环节,这也是流通加工不合理的重要形式。

(4)流通加工成本过高,效益不好。流通加工之所以能够有生命力,重要优势之一是有较大的产出投入比,因而能有效地起到补充完善的作用。如果流通加工成本过高,则不能达到以低投入实现更高产出的目的。除了一些必要的、出于政策要求即使亏损也应进行的加工外,其他加工都应看成是不合理的。

2. 流通加工合理化措施

目前,国内在流通加工合理化的探索中已积累了一些经验,取得了一定的成果。现实中的流通加工合理化主要需要考虑以下五点:

(1)加工和配送相结合。将流通加工设在配送点中,一方面按配送的需要进行加工,另一方面加工又是配送业务流程中分货、拣货、配货的一环,加工后的产品直接投入配货作业,这就无须单独设置一个加工的中间环节,使流通加工既有别于独立的生产,又能使流通加工与中转流通巧妙结合在一起。同时,由于配送之前有加工,可使配送服务水平大大提高。这是当前合理流通加工的重要形式,在煤炭、水泥等产品的流通中已表现出较大的优势。

(2)加工和配套相结合。在对配套要求较高的流通中,配套的主体来自各个生产单位,但是完全配套有时无法全部依靠现有的生产单位进行适当的流通加工,可以有效促成配套,大大提高流通的"桥梁和纽带"的能力。

(3)加工和合理运输相结合。流通加工,使得干线运输与支线运输实现了有效衔接,促进了两种运输形式的合理化;使两者互相转换时本来就必须停顿的环节,不进行一般的支转干或干转支,而是按照相关要求,进行适当加工,从而大大提高运输及运载水平。

(4)加工与合理商流相结合。通过加工有效促进销售,使商流合理化,也是流通加工合理化的考虑方向之一。加工提高了配送水平,强化了销售。加工和配送的结合是加工与合理商流相结合的一个成功的例证。此外,通过简单地改变包装加工,形成方便购买的数量,通过组装加工解除用户使用前进行组装、调试的困难,都是有效促进商流的例子。

(5)加工和节约相结合。节约能源、节约设备、节约人力、节约耗费是流通加工合理化的重要考虑因素,也是目前我国设置流通加工时考虑其合理化的普遍形式。

对于流通加工合理化的最终判断,是看其能否实现社会和企业本身的效益,而且是否取得了最优效益。对流通加工企业而言,与一般生产企业的一个重要不同之处是,流通加工企业更应树立社会效益第一的观念。如果只是片面追求企业的微观利益,不适当地进行流通加工,甚至与生产企业争利,这就有悖于流通加工的初衷,而且本身已不属于流通加工的范畴。

 研究案例

沃尔玛改进包装材料实现物流包装合理化

谈及成功之道,沃尔玛有六条基本原则:抓住做生意的本质,即客户需要什么,要给客户提供正确的产品;如果希望客户到你的店里来,价格必须是合理的;要使购物对客户来讲变得简单,客户没有很多时间,他们一定要最快找到自己所需的产品;要根据不同的地点销售不同的产品;需要适当数量的产品,也就是说不能出现没有货的情况;要保证质量,才能赢得客户的信任。沃尔玛每天都在按照这六条基本法则运营。沃尔玛还有自己所谓的山姆哲学。其哲学理念之一就是提供最好的服务,如果做不到,就索性不提供这种服务。沃尔玛百货有限公司前总裁兼首席执行官李斯阁曾说:"山姆·沃尔顿为我们留下了一份遗产。他创立了一个鼓励我们取得非凡成就的公司与环境。"

据了解,沃尔玛现在使用的包装材料有70%是RPC(活性粉末混凝土),而不是瓦楞纸箱,这主要是由于纸箱没有统一的占地标准和展示产品的功能。产品堆码整齐统一的重要性不言而喻。比如在一个农产品配送中心会有来自不同产地的商品,如果商品的种类繁多,而包装件的尺寸大小不一，那么对于如何搬运这些货物就是一个很大的难题。如果商品的包装标准化，拥有统一的占地面积，而且一个完整的占地尺寸和托盘的尺寸相等，这个问题就迎刃而解了。

RPC是最早实现标准化的运输材料，因为其规格一致，所以便于堆码。RPC底部均有插槽，其堆码稳定性也优于纸箱。RPC不仅具有标准化的优势，还具有很强的展示功能。因为RPC没有顶盖，可以直接看到内装的产品；不必在外包装上印刷图案，省去了一笔印刷费又不失包装的推销功能。但是，瓦楞纸箱对商品的保护性能很强，其优良的抗压、抗戳穿和防潮性能是RPC不能比的。而且由于RPC是经回收后重复使用的包装产品，所以从外观上看是比较陈旧的，而纸箱却是干净美观的。

纸箱利润越来越薄。但值得注意的是纸箱行业正在受到RPC的挑战。沃尔玛公司有关负责人道出了纸箱产品存在最重要的两个弊端：首先，纸箱的规格成千上万，这对于追求个性化包装的商家当然是重要的，但却给整个物流环境带来很大麻烦。不便于堆码，不便于运输，还会消费大量的宝贵空间，集装箱就是一个典型例子。其次，由于其结构封杀了产品自身展示的功能，虽然可以在包装箱的外面印刷精美的图案，但这需要加大包装成本。

FEFCO（欧洲瓦楞纸制造商联合会）与FBA（美国纸箱协会）和一些大型纸箱企业联合推出了《欧洲通用瓦楞纸箱占地标准》，目的就是加强瓦楞纸箱便于堆码和展示产品的功能。这一措施将有效地推动瓦楞纸箱行业的发展。更重要的是一种观念的转变，这套标准不仅改变了人们对原本在销售及堆码方面和RPC相比处于劣势地位的纸箱的认识，而且成了纸箱行业向更成熟的方向发展的一个标志。我们国内的纸箱企业应该引以为鉴，走出企业，了解用户、销售商乃至消费者的实际需求，才能生产出用户满意的产品。

另悉，Nature Works LLC又开始为沃尔玛分销公司提供一种新型的热塑包装——Nature Works PLA。该款新包装在沃尔玛及全球大型连锁超市上架使用。新型热塑包装以生物为基础材料，主要由谷物制成。它将成功取代传统的包装，可应用在4种不同类型产品上，其中包括食品容器、饮料瓶罐等。项目的第一阶段在早已正式启动，主要提供生鲜类产品的包装；第二阶段为近800万蔬菜类更换新包装；第三阶段提供新型的礼品包装；至于第四阶段则是更换食品及水果类的包装。

 思考题

1. 请简述包装的作用。
2. 装卸搬运的原则有哪些？
3. 流通加工的作用有哪些？
4. 请举例论述生产加工和流通加工的区别和联系。

第三篇

战略篇

第 9 章 物流信息技术

 本章要点

知识要点	掌握程度
条码技术	掌握
射频识别技术	掌握
全球定位系统	掌握
地理信息系统	了解
物联网	了解

 导入案例

全球 RFID 应用之四大成功案例

案例之一:沃尔玛的"新式武器"

2003 年 6 月 19 日,在美国芝加哥召开的"零售业系统展览会"上,沃尔玛宣布采用 RFID 技术以最终取代目前广泛使用的条形码,成为第一个公布正式采用该技术时间表的企业。

RFID 计划实施成功,沃尔玛闻名于世的供应链管理又领先一大步。一方面,可以即时获得准确的信息流,完善物流过程中的监控,减少物流过程中不必要的环节及损失,降低在供应链各个环节上的安全存货量和运营资本;另一方面,通过对最终销售实现监控,把消费者的消费偏好及时地报告出来,以帮助沃尔玛优化商品结构,进而获得更高的顾客满意度和忠诚度。

案例之二:中国铁路总公司的调度利器

中国铁路总公司在中国铁路车号自动识别系统建设中,推出了完全拥有自主知识产权的远距离自动识别系统。

过去,国内铁路车头的调度都是靠手工统计、手工进行,费人力、费时间还不够准确,造成资源极大浪费。中国铁路总公司在采用 RFID 技术以后,实现了统计的实时化、自动化,降低了管理成本,提高了资源利用率。据统计,每年的直接经济效益可以达到 3 亿多元。

案例之三:寻找遗失的物品

美国华盛顿大学的科研人员和工程师们研制出了一种手表式的原型机;它能够提醒主人在出门时不要遗忘了重要的文件、钥匙链、雨伞或是其他一些需要随身携带的物品。在工作时,这种手表还会监视各种物品(如文件袋和试验材料)的摆放是否正确及它们在房屋中所处的位置。总而言之,这种设备可以用来提醒那些健忘的人,帮助他们规整自己物品的摆放,指明所需物品当前所处的位置等。将射频识别技术和其他一些产品有机地结合在一起,不但可以用来寻找遗失的物品,而且可以追踪它们在一天当中的运动轨迹。

案例之四：将 RFID 用于医院防止手术失误

美国政府同意将无线射频电子标签像绷带一样贴到患者手术处，以确保医生对适当的患者进行适当的手术。由 SurgiChip 公司生产的这种标签，目的是为了防止出现失误手术，患者的名字和手术位置被打印在 SurgiChip 的标签上。其内置的芯片还编码记录了手术的类型、手术日期和手术的名称。在实施手术之前，先对标签进行扫描，然后对患者进行询问来证实标签上的信息是否真实。到了手术日，在对患者实施麻醉之前，再次对标签进行扫描，并再次对患者进行验证。通过一种黏合剂将标签贴到患者实施手术的附近，医院手术室工作人员再次对标签进行扫描，并与患者名册上的信息进行比较。在手术后，该标签将被取下。

物流信息技术是现代信息技术在物流各个作业环节中的综合应用，是现代物流区别传统物流的根本标志，也是物流技术中发展最快的领域，尤其是计算机网络技术的广泛应用，使物流信息技术达到了较高的应用水平。

物流信息技术主要包括电子标签、条码技术、物流空间信息技术、电子数据交换、计算机电信集成技术、物流信息无线传输技术、数据仓库等。在这些信息技术的支持下，形成了以移动通信、资源管理、监控调度管理、自动化仓储管理、业务管理、客户服务管理、财务管理等多种业务集成的一体化现代物流信息系统。将这些信息技术融合在物流管理过程中，能带来以下四个方面的好处：

(1) 建立新型的客户关系。现代信息技术能够让物流管理者与客户之间建立信息流和知识流，方便与客户交流，有利于构建新型的客户关系。

(2) 改变产品和服务的存在形式及流通方式。产品和服务的实用化趋势正在改变它们的流通方式和使用方式。许多软件产品通过 Internet 直接与客户进行沟通，省去了许多中间环节，提高了服务质量。

(3) 了解物流信息需求的新途径。用网络等信息技术来交换有关物流信息，成为企业获得物流活动所需要的信息的有效途径。例如，物流活动的各参与方通过信息网络交换库存、运输、配送等信息，使各参与方一起改进物流活动效率，提高客户满意度。对于全球经营的跨国企业来说，信息技术的发展可以使它们的业务延伸到世界的各个角落。

(4) 具有及时决策和模拟结果的能力。信息技术的发展使得物流管理者在进行决策时可以利用大量有效的信息，基于这些信息，他们可以对物流活动进行有效的管理。

9.1 条码技术

9.1.1 定义

条码(bar code)指"由一组规则排列的条、空及其对应字符组成的，用以表示一定信息的标识"(GB/T 18354—2006)。其中：条是指条码中反射率较低的部分，即黑色或深色的条形；空是指条码中反射率较高的部分，即指白色或浅色的条形。

9.1.2 特点

1. 可靠准确

用光电扫描装置识读条码的误读率极低,而且大多数条码具有自验功能。实际应用中,条码输入的误读率约在百万分之一,Code 39 可以达到误读率在三百万分之一以下;如果使用校验码甚至可以达到一亿四千九百万分之一的高精度。

2. 输入速度快

条码的条、空容易识读,用光电扫描装置识读条码并将信息输入的方法比人工键盘输入的方法要快得多。键盘输入,对于操作员来说,输入速度慢而且烦琐,使用条码可以大大提高输入速度,实现"即时数据输入"。

3. 成本低廉

与其他自动识别技术相比较,推广应用条码技术,所需费用低。条码标签易于制作,对印刷技术设备和材料无特殊要求。对于量大的条码图形,可以通过印刷大量生产,对于量小的条码图形,则可以通过计算机自动生成,由打印机输出。条码符号的识读设备普遍采用光电技术,价格便宜,而且操作设备简单易学,无须专门训练。

4. 自由度大

条码通常在图形和编码上都有一定的纠错功能,这样即使标签有部分欠缺,仍可以从正常部分输入正确的信息。与磁条信息相比,条码信息不会受到电磁场的影响和干扰。识别装置与条码标签相对应位置的自由度要比光学字符识别 OCR(optical character recognition)大得多。

5. 灵活实用

条码作为一种自动识别手段可以单独使用,也可以和有关设备组成识别系统自动化识别,还可和其他设备联系起来实现整个系统的自动化管理。

但条码也有缺点,如脏污后不容易读取、记录数据的密度低等,最大的缺点是不能够修改和替换。

9.1.3 分类

按照条码的长度分,条码可分为定长条码和非定长条码;按照排列方式分,条码可分为连续型条码和非连续型条码;按照校验方式分,条码可分为自校验型条码和非自校验型条码;按照维数的不同,条码可分为一维条码和二维条码。

1. 一维条码

一维条码按照应用可分为商品条码和物流条码。商品条码包括 EAN 码和 UPC 码,主要用于零售商品;物流条码是对在物流过程中的物品及其位置进行标识,主要包括 UCC/EAN-128 码、ITF-14 码、39 码、库德巴码等,主要用于非零售的物流单元。

一维条码一般只在水平方向上表达信息,垂直方向的高度通常是为了便于阅读器的对准。对于每一种商品,它的编码是唯一的,在使用过程中一维条码通常仅作为识别信息,是通过在计算机系统的数据库中提取相应的信息而实现的。

2. 二维条码

二维条码在二维空间上是由具有特殊结构的几何图形元素按一定规律和顺序组合成的图形,利用构成计算机内部逻辑基础的"0""1"比特流的概念,使用若干个与二进制相对应的几何形体来表示文字数值信息。目前,国外先进发达国家已将此项技术广泛应用于国防、海关、税务、公共安全、交通运输等信息自动携带、传递和防伪领域。

(1)二维条码的特点。二维条码除具有一维条码的优点以外,还具有如下特点:①编码范围更广。二维条码的信息容量比一维条码高几十倍以上,不仅可以保存英文、数字等符号信息,还可以保存中文、图片、声音、指纹、签字等多种数据类型。②保密性和纠错能力强。二维条码可加密,具有很高的保密性,且纠错能力很强,当纠错等级提高时,污损50%依然可以完整读出信息。③读取更方便。二维条码可以用扫描仪扫描或用摄像头直接读取,无须后台数据库支持,使用起来十分方便。

另外,二维条码还具有条码符号形状大小可变的特点。

(2)二维条码的分类。二维条码可分为堆叠式二维条码和矩阵式二维条码。

堆叠式二维条码(如 Code 16K、Code 49、PDF417 等)形态上是由多行短截的一维条码堆叠而成,其编码原理是建立在一维条码基础之上,按需要将一维条码堆积成两行或多行。它在编码设计、校验原理、识读方式等方面继承了一维条码的一些特点,识读设备与条码印刷和一维条码技术兼容。但由于行数的增加,需要对行进行判定。

矩阵式二维码(如 QR Code、Data Matrix、Maxi Code 等)是在一个矩形空间通过黑、白像素在矩阵中的不同分布进行编码,是建立在计算机图像处理技术、组合编码原理等基础上的一种新型图形符号自动识读处理码制。在矩阵相应元素位置上,用点(方点、圆点或其他形状)的出现表示二进制"1",点不出现表示二进制"0",点的排列组合确定了矩阵式二维条码所代表的意义。

Data Matrix Maxi Code Aztec Code QR Code Veri Code

PDF417 Ultra Code Code 49 Code 16K

图 9-1 常见的二维码

9.2 射频识别技术

9.2.1 定义

射频识别(radio frequency identification,RFID)是指"通过射频信号识别目标对象并获取相关数据信息的一种非接触式的自动识别技术"(GB/T 18354—2006)。

9.2.2 特点

与目前广泛使用的条码、磁卡、IC卡等自动识别技术相比,RFID技术具有以下几个特点:

1. 快速扫描

条形码一次只能有一个条形码受到扫描,RFID识读设备可同时识别读取多个RFID标签。

2. 体积小型化、形状多样化

RFID在读取上并不受尺寸大小与形状的限制,无须为了读取精确度而配合纸张的固定尺寸和印刷品质。

3. 不受环境限制

传统的条形码、磁卡容易因脏污而看不清,但RFID经封装处理后对水、油和化学药品等具有强力的抗污性。此外,条码容易受到折损,磁卡容易出现消磁,IC卡的金属片容易被腐蚀或磨损,RFID标签是将数据存在芯片中,因此可以免受污染损伤。RFID在黑暗或强光环境之中,也可以读取数据。

4. 可重复使用

由于RFID标签内存储的是电子数据,可以反复被复写,方便信息的增加、删除和更新,因此可以回收标签重复使用。如被动式RFID标签,无须要电池就可以使用,没有维护保养的需要。

5. 穿透性和无屏障阅读

RFID标签在被纸张、木材和塑料等非金属或非透明的材质包覆的情况下,可以进行穿透性通信;而条码扫描机必须在近距离而且没有物体阻挡的情况下才可以阅读,磁卡和IC卡需要接触才能识别。

6. 数据记忆容量大

一维条形码的容量是50字节,二维条形码的容量是2~3000字,RFID最大的容量则有数兆字节。

7. 安全性

由于RFID承载的是电子式信息,其数据内容可经由密码保护,使其内容不易被伪造及篡改。

9.2.3 系统组成

射频识别系统至少应包括读写器、电子标签（或称射频卡、应答器）、天线和主机等。在具体的应用过程中，根据不同的应用目的和应用环境，系统的组成会有所不同，但从 RFID 系统的工作原理来看，系统一般由信号发射机、信号接收机、编程器与天线几部分组成，如图 9-2 所示。

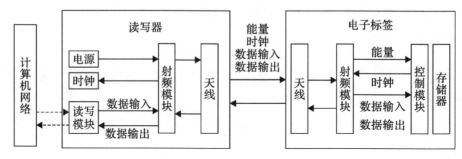

图 9-2 RFID 系统的组成

1. 信号发射机

在 RFID 系统中，信号发射机为了不同的应用目的，会以不同的形式存在，典型的形式是标签(tag)。标签相当于条码技术中的条码符号，用来存储需要识别传输的信息。与条码不同的是，标签必须能够自动或在外力的作用下，把存储的信息主动发射出去。

2. 信号接收机

在 RFID 系统中，信号接收机一般叫作阅读器。根据支持的标签类型与完成的功能不同，阅读器的复杂程度也显著不同。阅读器的基本功能是提供与标签进行数据传输的途径。另外，阅读器还具有相当复杂的信号状态控制、奇偶错误校验与更正等功能。

3. 编程器

编程器是向标签写入数据的装置，只有可读可写标签系统才需要编程器。一般来说，编程器写入数据是离线完成的，即预先在标签中写入数据，等到开始应用时直接把标签粘附在被标识项目上。也有一些 RFID 应用系统，写数据是在线完成的，尤其是在生产环境中作为交互式便携数据文件来处理时。

4. 天线

天线是标签与阅读器之间传输数据的发射、接收装置。在实际应用中，除了系统功率，天线的形状和相对位置也会影响数据的发射和接收，需要专业人员对系统的天线进行安装。

9.3 全球定位系统

9.3.1 定义

全球定位系统(global positioning system, GPS)是指"由美国建设和控制的一组卫星组成的,24 小时提供高精度的全球范围的定位和导航信息的系统"(GB/T 18354—2006)。

9.3.2 全球定位系统的特点

1. 全球、全天候定位

GPS 能为用户提供连续、实时的三维位置、三维速度和精密时间,不受天气的影响。GPS 卫星的数目较多,且分布均匀,保证了地球上任何地方、任何时间至少可以同时观测到 4 颗 GPS 卫星,确保实现全球全天候连续的导航定位服务。

2. 定位精度高

随着 GPS 接收机和数据处理软件性能的不断提高,GPS 定位的精度远远超过了传统测量方法的精度。例如,用载波相位观测量进行静态相对定位,在小于 50 千米的基线上精度可达 10^{-6} 米,在 100～500 千米的基线上精度为 10^{-7} 米,在大于 1000 千米的基线上精度可达 10^{-9} 米。

3. 观测时间短

随着 GPS 的不断完善、软件的不断更新,目前,20 千米以内相对静态定位仅需 15～20 分钟;快速静态相对定位测量时,当每个流动站与基准站相距在 15 千米以内时,流动站观测时间只需 1～2 分钟,然后可随时定位,每站观测只需几秒钟。

4. 测站间无须通视

用传统的测量方法测定点位,测站间必须通视,迫使测量人员将点位选在能满足通视要求而在工程建设中使用价值不大的制高点上。GPS 定位是由星站距离确定点位的,只需测量点与空间的卫星通视即可。这样,测量人员就可以将测量点位选在工程建设最需要的位置。

5. 仪器操作简便

用于静态相对定位的 GPS 接收机,开机后就能自动观测。观测时测量人员的工作是将接收机在点位上进行对中整平,量取天线高,观察接收机的工作状态即可,操作十分简便。

6. 提供三维坐标

传统测量方法是将平面测量与高程测量分开进行的,而 GPS 测位可同时测得点的三维坐标。

7. 应用广泛

GPS 系统不仅可用于测量、导航,还可用于测速、测时,测速的精度可达 0.1 米/秒,测时的精度可达几十毫微秒。

9.3.3 GPS 的组成

目前,全球定位系统是美国第二代卫星导航系统,是在子午仪卫星导航系统的基础上发展起来的,主要由空间部分(GPS 卫星星座)、地面控制部分(地面监控系统)和用户接收系统(GPS 信号接收机)组成。

(1)GPS 的空间部分是由 21 颗工作卫星和 3 颗在轨备用卫星组成的。卫星位于距地表 20200 千米的上空,均匀分布在 6 个轨道面上(每个轨道面 4 颗),轨道倾角为 55°,各轨道平面之间的夹角为 60°。卫星的这种分布的目的是保证在全球任何地方、任何时间都可观测到 4 颗以上的卫星,并能保持良好的定位解算精度的几何图像,这就提供了在时间上连续的全球导航能力。

(2)地面控制部分由1个主控站、3个地面控制站和5个监测站所组成。主控制站位于美国科罗拉多州春田市的联合空间执行中心,3个地面控制站分别设在大西洋、印度洋和太平洋的3个美国军事基地上,5个监测站设在主控站和3个地面控制站及夏威夷岛。

(3)用户接收系统能够捕获到按一定卫星截止角所选择的待测卫星,并跟踪这些卫星的运行。当接收机捕获到跟踪的卫星信号后,就可测量出接收天线至卫星的伪距离和距离的变化率,解调出卫星轨道参数等数据。根据这些数据,接收机中的微处理计算机就可按定位解算方法进行定位计算,计算出用户所在地理位置的经纬度、高度、速度、时间等信息。

9.3.4 GPS在现实中的应用

1. GPS应用于农业

当前,发达国家已经开始把GPS技术引入农业生产,即所谓的"精准农业耕作"。该方法利用GPS进行农田信息定位获取,包括产量监测、土样采集等,计算机系统通过对数据的分析处理,决策出农田地块的管理措施,把产量和土壤状态信息装入带有GPS设备的喷施器中,从而精确地给农田地块施肥、喷药。通过实施精准耕作,可在尽量不减产的情况下,降低农业生产成本,有效避免资源浪费,降低因施肥除虫对环境造成的污染。

2. GPS应用于交通

出租车、租车服务、物流配送等行业利用GPS技术对车辆进行跟踪、调度管理,合理分布车辆,以最快的速度响应用户的乘车或输送请求,降低能源消耗,节省运行成本。GPS在车辆导航方面发挥了重要的作用,在城市中建立数字化交通电台,实时发布城市交通信息,车载设备通过GPS进行精确定位,结合电子地图及实时的交通状况,自动匹配最优路径,并实行车辆的自动导航。民航运输通过GPS接收设备,使驾驶员着陆时能准确对准跑道,同时,还能使飞机紧凑排列,提高机场利用率,引导飞机安全进场离场。GPS在物流领域的应用主要是在汽车自动定位、跟踪调度及铁路运输等方面。在汽车自动定位和跟踪调度方面,物流管理部门可以利用GPS的计算机信息管理系统,通过GPS和计算机网络实时、全程地收集汽车所运货物的动态信息,从而实现汽车、货物跟踪管理,并及时地进行汽车的调度管理。

3. GPS应用于军事

军事是GPS技术最早的应用领域,GPS主要为各种军事活动提供定位导航。在现代战争中,不仅陆、海、空三军,许多高科技武器、弹药等,也都开始采用GPS技术进行定位导航。装备GPS制导系统之前,美军BGM-10C"战斧"巡航导弹误差约为9米;在其"惯性和地形匹配"制导系统中加入GPS后,误差降至3米,制导精度大大提高。

9.4 地理信息系统

9.4.1 定义

地理信息系统(geographical information system,GIS)是指"由计算机软硬件环境、地理空间数据、系统维护和使用人员四部分组成的空间信息系统,可对整个或部分地球表面(包括大气层)空间中有关地理分布数据进行采集、储存、管理、运算、分析显示和描述"(GB/T 18354—2006)。

9.4.2 特点

与一般的管理信息系统相比,地理信息系统具有以下特点:

(1)地理信息系统在分析处理问题中使用了空间数据与属性数据,并通过数据库管理系统将两者联系在一起共同管理、分析和应用,从而提供了认识地理现象的一种新的思维方法;而管理信息系统只对属性数据库进行管理,即使存储了图形,也往往以文件等机械形式存储,不能进行有关空间数据的操作,如空间查询、检索、相邻分析等,更无法进行复杂的空间分析。

(2)地理信息系统强调空间分析,通过利用空间解析式模型来分析空间数据。地理信息系统的成功应用依赖于空间分析模型的研究与设计。

9.4.3 分类

(1)按照应用领域分,地理信息系统可分为地形信息系统、土地资源信息系统、地籍信息系统、人口信息系统、军事指挥信息系统、消防信息系统等。

(2)按照使用的数据模型分,地理信息系统可分为矢量型地理信息系统、栅格型地理信息系统、混合型地理信息系统和面向对象型地理信息系统。

(3)按照服务对象分,地理信息系统可分为专题地理信息系统和区域地理信息系统等。

(4)按照用户硬件配置分,地理信息系统可分为大型机地理信息系统、工作站地理信息系统和微机地理信息系统。

(5)按照软件组成分,地理信息系统可分为构件式地理信息系统、开放式地理信息系统、网络式地理信息系统、服务器/客户式地理信息系统和虚拟地理信息系统。

9.4.4 组成

地理信息系统由硬件、软件、数据、人员和方法五部分组成。硬件和软件为地理信息系统建设提供环境,数据是 GIS 的重要内容,方法为 GIS 建设提供解决方案,人员是系统建设中的关键和能动性因素,直接影响和协调其他几个组成部分。

(1)硬件是指操作 GIS 所需的一切计算机资源。今天,GIS 软件可以在很多类型的硬件上运行,从中央计算机服务器到个人计算机,从单机到网络环境等。一个典型的 GIS 硬件系统除计算机外,还应包括数字化仪、扫描仪、绘图仪、磁带机等外部设备。

(2)软件是指 GIS 运行所必需的各种程序,主要包括计算机系统软件和地理信息系统软件两部分。地理信息系统软件提供所需的存储、分析和显示地理信息的功能和工具,主要的软件部件有:输入和处理地理信息的工具,数据库管理系统,支持地理查询、分析和视觉化的工具,容易使用这些工具的图形用户界面。

(3)数据是 GIS 中最重要的部件。空间数据是 GIS 的操作对象,是现实世界经过模型抽象的实质性内容。一个 GIS 应用系统必须建立在准确合理的地理数据基础上。地理数据和相关的表格数据可以自己采集或者从商业数据提供者处购买。GIS 不但可以把空间数据和其他数据源的数据集成在一起,而且还可以使用那些被大多数公司用来组织和保存数据的数据库管理系统来管理空间数据。

9.4.5 基本功能

GIS 主要有数据获取、数据预处理、数据存储与组织、数据查询与分析、图形展示与交互等基本功能。

(1) 数据获取应保证 GIS 数据库中的数据在内容与空间上的完整性、数值逻辑一致性和正确性等。一般而言，GIS 数据库的建设占整个系统建设投资的 70% 或更多，并且这个比例会有所改变。因此，信息共享和自动化数据输入成为 GIS 研究的重要内容。可用于 GIS 数据采集的方法和技术很多，有些仅用于 GIS，如手持跟踪数字化仪。

(2) 数据预处理主要包括数据格式化、转换和概括。数据格式化是指不同数据结构的数据间的交换，是一种耗时、易错、需要大量计算量的工作。数据转换包括数据格式转换、数据比例尺变换等。在数据格式的转换方式上，矢量到栅格的转换要比其逆运算快速且简单。数据比例尺的变换涉及数据比例尺缩放、平移和旋转等方面，其中最为重要的是投影转换。数据概括，也称制图综合，包括数据平滑、特征集结等。

(3) 数据存储与组织是建立 GIS 数据库的关键步骤，它涉及空间数据和属性数据的组织。栅格模型、矢量模型或栅格/矢量混合模型是常用的空间数据组织方法。空间数据结构的选择在一定程度上决定了系统的数据与分析功能。在地理数据组织与管理中，最为关键的是如何将空间数据与属性数据融合为一体。

(4) 数据查询与分析包括空间查询、空间分析和模型分析。空间查询是 GIS 及许多其他自动化地理数据处理系统应具备的最基本的分析功能；空间分析是 GIS 的核心功能，也是 GIS 与其他计算机系统的根本区别；模型分析是在 GIS 支持下，分析和解决现实世界中与空间相关的问题，它是 GIS 应用深化的重要标志。

(5) 图形展示与交互。GIS 为用户提供了许多用于地理数据表现的工具，其形式既可以是计算机屏幕显示，也可以是诸如报告、表格、地图等硬拷贝图件，尤其要强调的是其地图输出功能。

9.4.6 应用

GIS 技术主要应用于物流分析，即利用 GIS 强大的地理数据功能来完善物流分析技术。完整的 GIS 物流分析软件集成了车辆路线模型、最短路线模型、网络物流模型、分配集合模型和设施定位模型等。

(1) 车辆路线模型主要用于一个起始点、多个终点的货物运输中。它解决的是如何降低物流作业费用并同时保证运输服务质量，以及如何决定使用多少车辆、每辆车的路线等问题。

(2) 最短路线模型用于确定行车的最短路线，选择最优路径。

(3) 网络物流模型主要用于解决最有效的分配货物路径问题，即物流网点布局问题。如将货物从 N 个仓库运往 M 个商店，每个商店都有固定的需求量，因此需要解决由哪个仓库发货给哪个商店所花费的运输代价最小。

(4) 分配集合模型是根据各个要素的相似点把同一层上的所有或者部分要素分成几组，主要用以确定服务范围、销售市场范围等。如一个公司要设立 X 个分销点，要求这些分销点覆盖一定的市场区域，而且要求每个分销点的顾客人数大致相等。

(5) 设施定位模型主要用于确定一个或多个物流设施的位置。在物流系统中，物流中心、仓库和运输线路共同组成了物流网络,物流中心和仓库处于网络的节点上,节点决定着路线。根据供求的实际需要结合经济效益等原则,企业要决定在既定区域内设立设施节点的个数及相应位置、规模及节点间的关系等,运用设施定位模型可以很好地解决以上问题。

9.5 物联网

9.5.1 定义

物联网(Internet of Things,IoT)的概念最初来源于美国麻省理工学院(MIT)在1999年建立的自动识别中心。该中心首次提出了网络无线射频识别系统,可把所有物品通过射频识别等信息传感设备与互联网连接起来,实现智能化识别和管理。早期的物联网是以物流系统为背景提出的,以射频识别技术作为条码识别的替代品,实现对物流系统的智能化管理。随着技术和应用的发展,物联网的内涵也发生了较大变化。

作为新一代信息技术的重要组成部分,物联网的广义定义就是"物物相连的互联网"。该定义具有两层意思:①物联网的核心和基础仍然是互联网,是在互联网基础上的延伸和扩展的网络;②其用户端延伸和扩展到了任何物体与物体之间,进行信息交换和通信。

从狭义上来看,物联网可以定义为:物联网是指通过RFID、红外感应器、全球定位系统、激光扫描器等信息传感设备,按约定的协议,把任何物体与互联网相连接,进行信息交换和通信,以实现对物体的智能化识别、定位、跟踪、监控和管理的一种网络。

9.5.2 特点

和传统的互联网相比,物联网有其鲜明的特点,具体如下:

(1)物联网是各种感知技术的广泛应用。物联网上部署了海量的多种类型传感器,每个传感器都是一个信息源,不同类别的传感器所捕获的信息内容和信息格式不同。传感器获得的数据具有实时性,按一定的频率周期性地采集环境信息,不断更新数据。

(2)物联网是一种建立在互联网上的泛在网络。物联网技术的重要基础和核心仍旧是互联网,通过各种有线和无线网络与互联网融合,将物体的信息实时准确地传递出去。在物联网上的传感器定时采集的信息需要通过网络传输,由于其数量极其庞大,形成了海量信息,在传输过程中,为了保障数据的正确性和及时性,必须适应各种异构网络和协议。

(3)物联网不仅提供了传感器的连接,其本身也具有智能处理的能力,能够对物体实施智能控制。物联网将传感器和智能处理相结合,利用云计算、模式识别等各种智能技术,扩充其应用领域,从传感器获得的海量信息中分析、加工和处理出有意义的数据,以适应不同用户的不同需求,发现新的应用领域和应用模式。

9.5.3 关键技术

物联网的关键技术包括RFID技术、传感技术、无线网络技术、人工智能和云计算技术。

(1)RFID技术是物联网中让物品"开口说话"的关键技术,RFID标签上存储着规范而具有互用性的信息,通过无线数据通信网络把它们自动采集到中央信息系统,实现物品的识别。

(2)传感技术主要负责接收物品"讲话"的内容。传感技术是一种从自然信源获取信息,并对之进行处理、变换和识别的多学科交叉的现代科学与工程技术，它涉及传感器、信息处理和识别的规划设计、开发、制造、测试、应用及评价改进等活动。

(3) 无线网络技术为物联网中物品与人的无障碍交流提供数据传输媒介。无线网络既包括远距离无线连接的全球语音和数据网络，也包括近距离的蓝牙技术和红外技术。

(4) 人工智能是研究使计算机来模拟人的某些思维过程和智能行为(如学习、推理、思考、规划等)的技术。在物联网中，人工智能技术主要负责将物品"讲话"的内容进行分析，从而实现计算机自动处理。

(5) 物联网的发展离不开云计算技术的支持。物联网中的终端的计算和存储能力有限，云计算平台可以作为物联网的"大脑"，实现对海量数据的存储、计算。

9.5.4 应用

物流领域是物联网相关技术最有现实意义的应用领域之一。物联网的建设，会进一步提升物流智能化、信息化和自动化水平，推动物流功能整合，对物流服务各环节运作将产生积极影响。物联网在物流的各个环节均有广泛应用。

1. 生产物流环节

物联网可以实现整个生产线上的原材料、零部件、半成品和产成品的全程识别与跟踪，减少人工识别成本和出错率。通过应用产品电子代码(electronic product code，EPC)技术，就能利用识别电子标签来快速从种类繁多的库存中准确地找出工位所需的原材料和零部件，并能自动预先形成详细补货信息，从而实现流水线均衡、稳步生产。

2. 运输环节

物联网能够使物品在运输过程中的管理更透明，可视化程度更高。通过给在途运输的货物和车辆贴上 EPC 标签，在运输路线的一些检查点上安装上 RFID 接收转发装置，企业能实时了解货物目前所处的位置和状态，实现运输货物、线路、时间的可视化跟踪管理，并能帮助实现智能化调度，提前预测和安排最优的行车路线，缩短运输时间，提高运输效率。

3. 仓储环节

物联网技术可实现仓库的存货、盘点、取货的自动化操作，从而提高作业效率，降低作业成本。入库储存的商品可以实现自由放置，提高了仓库的空间利用率；通过实时盘点，能快速、准确地掌握库存情况，及时进行补货，提高了库存管理能力，降低了库存水平；同时，按指令准确高效地提取多样化的货物，减少了出库作业时间。

4. 配送环节

在配送环节，采用 EPC 技术能准确了解货物存放位置，大大缩短拣选时间，提高拣选效率，加快配送速度。通过读取 EPC 标签，与拣货单进行核对，提高了拣货的准确性。此外，可确切了解目前有多少货箱处于转运途中、转运的始发地和目的地，以及预期到达时间等信息。

5. 销售物流环节

当贴有 EPC 标签的货物被客户提取，智能货架会自动识别并向系统报告。通过物联网络，物流企业可以实现敏捷反应，并通过历史记录预测物流需求和服务时机，从而使物流企业更好地开展主动营销和主动式服务。

 研究案例

自动化仓储物流业引领智能机器人应用大时代

自动化立体仓库是现代物流系统中迅速发展的一个重要组成部分,它具有节约用地、有效地减少流动资金积压、提高物流效率等诸多优点。目前,自动化立体仓库的市场总值已经超过170亿元,根据中国物流技术协会信息中心调研情况,未来几年的自动化仓储市场需求将每年有17%的增长。

人工成本、土地成本和能耗成本陡增,物流业各个环节独立运作,重复建设造成资源浪费都成了制约物流业实现转型升级的瓶颈。面对全国经营性通用仓库,特别是自动化程度较高的立体仓库的短缺,国内电商以及大型企业不得不构建自动化仓储物流。在这样的发展趋势下,物流机器人将得到快速发展。在物流产业高速发展的今天,机器人技术的应用程度已经成为决定企业间相互竞争和未来发展的重要衡量因素。

目前,机器人技术在物流中的应用主要集中在包装码垛、装卸搬运两个作业环节。随着新型机器人技术的不断涌现,其他物流领域也出现了机器人的应用案例。智能机器人运用到物流产业,其效率不言而喻。尤其货物搬运、周转,机器人都可以完全胜任,尤其在恶劣的天气条件下,有机器人来替代,可以说是非常安全的事情。首先不怠工,因为天气不耽误时间,还能提高货物周转效率。在未来智能工厂的构建中智能物流机器人将扮演重要角色。

1. AGV 机器人

不论是普通制造业还是码头仓库,物料装卸和搬运都是物流的要素之一,在物流系统中成本占比也很高。

美国工业生产过程中装卸搬运费用占成本的20%~30%,德国物流企业物料搬运费用占营业额的35%,日本物流搬运费用占10%,我国生产物流中装卸搬运费用约占加工成本的20%。

AGV 机器人是一种柔性化和智能化物流搬运机器人,在国外从20世纪50年代在仓储业开始使用,目前已经在制造业、港口、码头等领域得到普遍应用,在国内逐渐也有部分企业重视并应用 AGV 来完成一些简单的搬运任务。

AGV 机器人在我国汽车、烟草、印钞、新闻纸等行业已有大规模应用。其中,汽车制造业(主要是零部件制造)使用 AGV 机器人的占比最高,约占43%;其次是电力行业,应用占比13%;柴油发动机、烟草、乳品和饮料行业的应用分别占 AGV 总量的9%、6%和6%左右。

物流行业快速发展的一个重要标志就是物流自动化的进程不断加快,对于物流行业,企业厂内物流,自动化升级最主要的功臣自然是 AGV 机器人。AGV 机器人是物流装备中自动化水平最高的产品,是物流自动化系统中最具有柔性化的一个环节,几乎囊括了所有物流装备的技术。

2. 码垛机器人

码垛作为自动化物流的重要环节之一,传统的码垛设备已经很难满足厂内自动化物流的发展需求,以传统码垛设备为例,机械式码垛机具有占地面积大、程序更改复杂、耗电量大等缺点;采用人工搬运,劳动量大,工时多,无法保证码垛质量,影响产品顺利进入货仓,可能有百分之五十的产品由于码垛尺寸误差过大而无法进行正常存储,还需要重新整理。

码垛机器人主要有直角坐标式机器人、关节式机器人和极坐标式机器人,码垛机器人能适应于纸箱、袋装、罐装、箱体、瓶装等各种形状的包装成品码垛作业。

目前欧、美、日的码垛机器人在码垛市场的占有率超过了90%,绝大数码垛作业由码垛机器人完成。从效率上说,码垛机器人不仅能承担高负重,而且速度和质量远远高于人工。从精度上看,每一台码垛机器人都有独立的控制系统,保证了作业精度,目前有的企业码垛机器人重复精度可达±0.5 m。从稳定性上讲,目前最先进的码垛机器人已经达到5轴和6轴,通过相应的科学、合理的刚性机械本体设计,机器人本体不仅适应高负重、高频率的码垛作业,还能适应食品快餐行业分拣烦琐、灵活性高的作业要求。

在成本控制方面,机器人虽然前期投入较高,但是却能达到边际成本效用最大化,且为了成本控制,各家机器人都在产品中不断加入新的科技成果。

3. 分拣抓取机器人

拣选作业是由分拣抓取机器人来进行品种拣选,如果品种多,形状各异,机器人需要带有图像识别系统和多功能机械手,每到一种物品托盘机器人就可根据图像识别系统"看到"的物品形状,采用与之相应的机械手抓取,然后放到搭配托盘上。

目前分拣抓取机器人在仓储物流的应用不是很多,有部分企业在尝试和研发生产中。未来,空无一人的仓库,一台台机器人可将货架送到包装台,通过准确识别货物,分拣出需要的商品,打包后放在传输带上。随着分拣机器人的研发、面市,无人仓储的梦想离现实越来越近。

分拣机器人已经形成了样机,一旦这些智能化的分拣机器人应用于电子商务、工厂、物流等行业,将极大地提高仓储管理的工作效率,压缩人工成本。分拣机器人要进入市场仍需一段时间,短期内仓储系统必然是以自动化与人工辅助的形式存在的,要真正实现无人仓储还需要一段时间。

 思考题

1. 条形码和射频识别技术有什么区别和联系?
2. 什么是GPS? 它在物流领域中有哪些应用?
3. 什么是GIS? 它在物流领域中有哪些应用?
4. 什么是物联网技术? 它在物流领域中有哪些应用?

第 10 章　物流与供应链绩效评价

本章要点

知识要点	掌握程度
物流绩效评价概述	了解
物流绩效评价指标	了解
杠杆法绩效评估	掌握

导入案例

美国施乐公司的物流绩效标杆

施乐公司创立绩效标杆法开始于 1979 年,当时日本的公司在复印行业中取胜,它们以高质量、低价格的产品,使施乐公司的市场占有率在几年内从 49% 降低到 22%。为了应对挑战,施乐公司的高级经理们引进了若干质量和生产率计划的创意,其中绩效标杆法就是最具代表性的一项。

所谓绩效标杆法就是对照最强的竞争对手,或著名顶级企业的有关指标而对自己的产品、服务和实施过程进行连续不断的衡量。运用绩效标杆法实际上可打破根深蒂固的不愿改进的传统思考模式,将企业的经营目标与外部市场有机联系起来,使企业的经营目标得到市场的确认,从而更趋合理化。

施乐公司的物流绩效标杆已取得了显著的成效。以前公司花费 80% 的时间关注市场的竞争,现在则花费 80% 的精力集中研究竞争对手的革新与创造性活动。施乐公司更多地致力于产品质量和服务质量的竞争而不是价格的竞争。最终,公司降低了 50% 的成本,缩短了 25% 的交货周期,并使员工收入增加了 20%,供应商的无缺陷率从 92% 提高到 95%,采购成本也下降了 45%,最可喜的是,公司的市场占有率有了大幅度的提高。

10.1　物流绩效评价概述

10.1.1　物流绩效评价的发展

随着组织环境的日益复杂化,生产经历了从物质生产到服务生产的转变,物流逐渐成为提升组织竞争力和组织再造的重要因素。有关物流与物流绩效评价的发展可归纳为四个阶段(见表 10-1),每一个阶段都涉及物流功能的变化和物流绩效的新界定,相关绩效评价指标也在不断扩展。

表 10-1 物流绩效评价的发展

发展阶段	特点	物流绩效评价发展
物流技术时期 (1960—1970)	客户服务;以部门为基础的竞争	减少生产成本;核算运输成本
一体化物流 (1970—1980)	竞争压力不断增加;运输发生技术性转变;运输渠道变化	减少物流成本、提高时间绩效和产品质量;控制销售、财务、生产一体化链条
物流战略 (1980—1995)	生存压力迫使分配、供应和递送渠道变化;以部门为基础的信息技术和科技标准化;运输的非规则化	物流计划水平,所有物流作业成本的定义;使组织成员和物流作业活动参与成员满意;物流雇员和管理者的适应能力与反应能力
绿色物流 (1995年以后)	全球竞争力加剧;在产品和市场的其他领域开发附加值;发展减少产品对环境影响的项目	结合物流绩效与绿色供应链的特点,构建环境绩效评价;通过短期评价指标反映长期发展观

从上述发展阶段可以看到,企业在每一个阶段都试图通过绩效评价解决或减轻生存、发展的压力,而且随着物流地位的不断提升及范围的扩展,当今绩效评价指标不仅包括财务指标,而且也包含价值增值指标。

10.1.2 物流绩效评价的意义

物流作为提高经济竞争力的重要因素,要想使其健康发展,必须对物流企业的计划、客户服务、运输、存货等物流活动进行绩效评价与分析。只有对物流绩效进行评价与分析,才能正确判断企业的实际经营水平,提高企业的经营能力,进而增加企业的整体效益。目前,我国企业的物流处于起步阶段和发展阶段,如果在建立物流系统的同时,实时进行绩效评价,那么这对不断完善和提高物流管理水平,使物流成为企业的"第三利润源"具有重要意义。

(1)物流绩效评价是绩效管理的基础。做好物流绩效评价有利于企业整改绩效管理。企业可通过物流绩效评价,分析和评估现代企业资源素质与能力,确定物流发展战略。

(2)物流绩效评价能有效地对资源进行监督和合理配置,促使企业有重点地提高核心竞争力。通过物流绩效评价,判断物流目标的可行性和完成程度,调整物流目标。

(3)物流绩效评价可以提出和追踪物流运作目标及完成状况,并进行不同层次和角度的分析与评价,实现对物流活动的事前控制。

(4)物流绩效评价是现代企业内部监控的有效工具和方法,有助于团结企业各个部门,充分发挥不同部门的能力,提高企业的整体竞争力。

10.1.3 物流绩效评价的概念及特点

1.物流绩效评价的概念

物流绩效评价就是以有效满足物流需求为目的,通过客观定量标准与主观效用行为测定物流绩效的活动过程。具体地说,物流绩效评价是对物流价值的事前计划与控制及事后的分析与评估,是衡量企业物流运作系统和活动过程的投入与产出状况的分析技术及方法。物流绩效评价的原理如图 10-1 所示。

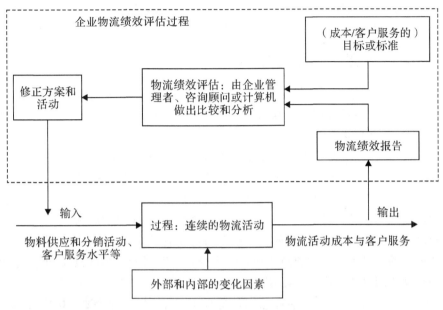

图 10-1 物流绩效评价的原理

物流绩效评价的主要内容包括如下:

(1)物流技术方面的物流绩效评价,如对物流运作流程的评价、对物流设备设施的评价、对包装模数的评价等;

(2)成本、收入和利润等财务方面的物流绩效评价,如物流成本控制及控制水平、物流业务量、物流利润水平及利润趋势等;

(3)资源方面的物流绩效评价,如能源利用率、原材料利用率、回收率及物流资源对环境的影响情况等。

2. 物流绩效评价的特点

物流绩效评价的特点主要包括如下:

(1)静态性和动态性相结合,物流绩效既可以是一个静态的评价结果,也可以是产生该结果的动态的活动过程;两者既可以单独地评价,也可以同时作为考核指标,这样充分反映了应用灵活的特点。

(2)可组合性和可分解性。

(3)物流系统应该具有完整性、开放性等特点。

10.2 物流绩效评价指标

10.2.1 物流绩效评价指标的概念

物流绩效评价指标是物流绩效评价内容的载体,也是物流绩效评价内容的外在表现。具体地说,物流绩效评价指标就是为实现评价目的,围绕物流绩效评价的各项基本指标,按照系统论方法构建的由一系列反映物流相关指标集合的系统结构。为此,必须在系统分析基础之上,对物流活动的目标、功能、环境及各种要素进行统筹考虑,充分体现物流绩效的基本内容,建立逻辑严密、相互联系、互为补充的系统结构。

10.2.2 物流绩效评价指标确立的原则

理想的物流绩效评价指标能够反映企业自身的特点,能够反映客户对企业产品或服务的要求,并且与企业的发展目标和战略规划相一致。在实际操作中,为了建立有效的物流绩效评价指标体系,应遵循下列基本原则:

(1)客观性原则。评价的客观性主要体现在两个方面:一方面,评价指标体系必须要能反映被评价对象的整体绩效,避免仅针对某一局部环节建立指标而忽略整体效能;另一方面,评价工作本身要具有客观性。评价人员要立场公正,评价过程要标准化,评价资料要全面可靠,特别是对物流绩效的定性评价,要有一套科学的评价方法,避免主观臆断。

(2)经济性原则。物流绩效评价的目的是提高物流管理水平,提升企业的整体效能,从而使企业获得更大的经济效益。评价过程应该重点分析关键指标,注重信息的可获得性,避免资源浪费在毫无紧要却又成本高昂的事情上。

(3)整体性原则。物流系统由装卸、运输、仓储、库存、信息处理等要素构成,物流系统的效益表现为系统的整体效益,而不是仅仅考虑某个要素的效益。

(4)实时性原则。对物流绩效的评价数据主要来源于财务结果,在时间上已经略为滞后,因而所有对物流系统的评价应加快速度,尽快得出有效的评价结论,以增强物流绩效评价对物流管理决策的影响力度。

10.2.3 常见的物流绩效评价指标

物流绩效评价指标着重评价企业的经济效益及物流活动过程,主要包括财务、运输、订单处理、库存、包装和信息等方面。

1. 财务评价指标

企业可以通过易于获得的财务数据对物流绩效进行评价。

(1)运营效率。它表示总收益中用来满足企业运营成本的费用比例,可表示为:

$$运营效率 = 总运营费用 / 总收益$$

(2)销售净利率。它是指企业净利润与总销售额的比值。一般情况下,企业销售净利率越高,说明企业运营效率越好,可表示为:

$$销售净利率 = (净利润 / 总销售额) \times 100\%$$

(3)总资产周转率。它是指销售净收入与总资产的比值。当企业投资于物流系统时,这项指标可以反映物流系统的投资收益。

2. 运输评价指标

运输是物流系统中最基本、影响最显著的要素。

(1)原材料运输时间。原材料运输时间是指原材料从供应商处装载后起运一直到交付的运输时间。

(2)产成品运输时间。产成品运输时间是总交付周期的主要组成部分,它是指企业产成品从仓库到达客户要求的地点的时间。

(3)单位运输成本。单位运输成本包括单位运费、服务费、配送费、保险费等。

(4)无缺损运输率。这项指标反映了运输服务的质量,低缺损率意味着损坏的程度低,对客户、企业都有益。它可表示为:

$$无缺损运输率=(无缺损运输次数/总运输次数)\times100\%$$

3. 订单处理评价指标

订单处理是物流的一个关键要素,如果订单处理缓慢且无效率,就可能延缓订单周期时间,甚至会提高运输成本。

(1)订单处理周期。订单处理周期是指收到订单到完成发货、收款的时间,会影响物流其他要素的效率。

(2)订单处理正确率。这项指标是销售部门重点控制的核心指标,订单处理是企业外部物流的起点,失误的订单短期内会影响该订单的完成,长期会带来客户忠诚度下降。它可表示为:

$$订单处理正确率=(本期无差错订单处理数/本期订单处理数)\times100\%$$

(3)每次订单处理成本。订单处理成本主要包括员工薪酬支出、培训、信息系统等成本费用构成,可表示为:

$$每次订单处理成本=本期订单处理成本/本期订单数$$

4. 库存评价指标

库存是企业物流控制的核心指标,其目的就是以最低水平的存货来满足客户期望的服务水平。

(1)库存维持成本。库存维持成本包括库存的财务、储存、保险、损坏和遗失成本等。

(2)搬运成本。搬运成本主要由收货入库、存货搬运、分拣、出货装运成本等构成。

(3)存货周转率。存货周转率是评价企业购入存货、入库保管、销售发货等环节的管理状况的综合性指标,是一定时期内销售成本与平均库存的比率,可表示为:

$$存货周转率=(销售成本/平均库存)\times100\%$$

5. 包装评价指标

包装不仅是用以实现产品差异化和吸引客户注意力的促销工具,它还对物流系统的绩效有着重大的影响。良好的包装应该易于搬运和放置,而且能够减小货物占用的货架空间。

(1)单位产品包装成本。它主要包括包装材料成本、包装设备折旧、包装人员工资等。

(2)包装可回收率。大部分包装属于耗材,但在物流实践中往往采用组装或集装箱等集成技术,这样一部分包装材料便可以回收,从而起到减少资源浪费的作用。

(3)条形码覆盖率。包装的一个功能是信息的传递,条形码与扫描仪的配合使用可以大大提高收货入库、分拣和货物出库的水平。条形码覆盖率可表示为:

$$条形码覆盖率=(使用条形码的商品种类/总商品数)\times100\%$$

6. 信息化评价指标

信息贯穿于物流活动的整个过程,企业物流信息的软、硬件建设关系到物流系统的整体效率。通常从信息化的基础水平、信息管理水平和信息活动主体水平三个方面来设计企业的物流信息评价指标。

(1) 信息化的基础水平。这项指标主要考察企业物流信息的投入和具体应用，涉及信息技术系统的投入量、网络规模和网络性能等。

(2) 物流信息管理水平。企业物流信息管理水平可以从信息技术应用管理水平、企业数据库建设和企业重大决策取得信息支持程度等方面来评价。

(3) 信息活动主体水平。它主要包括员工的受教育水平、员工培训比例和信息普及率等。

10.3 标杆法绩效评估

绩效度量是一种手段，目的是通过对企业经营绩效的度量，发现问题并找出解决办法。在供应链管理环境下，一个节点企业运行绩效的高低，不仅关系到该企业自身的生产与发展，而且影响到整个供应链上其他企业的利益。因此，建立绩效度量指标和方法只是手段，目的是激励各个企业创造一流绩效，通过树立标杆促使其他企业采取措施迎头赶上。在现有企业管理方法体系中，标杆法得到了越来越多的应用。标杆法广泛用于建立绩效标准、设计绩效过程、确定度量方法及管理目标等方面。

10.3.1 标杆管理的起源与概念

标杆法是20世纪美国施乐公司确立的经营分析方法，以便对本公司与其他公司做现状比较分析。标杆法就是将那些出类拔萃的企业作为企业的测定基准，以它们为学习对象迎头赶上，并进而超过之。一般来说，标杆法除了要测量优秀企业的绩效外，还要发现这些优秀企业是如何取得相关成就的，并利用这些信息作为制订企业绩效目标、战略和行动计划的基准。值得指出的是，这里的优秀企业并非局限于同行业中的佼佼者，可以选择与那些在各种业务流程的活动中已取得出色成绩的企业相比较。

绩效标杆法认为传统的建立绩效目标的方法是不全面的。利用过去的标准或者与企业内部标准比较的方法，都不能对引导企业了解竞争对手、为企业制订提高绩效能力的计划提供充分的信息。当然，标杆法并不一定总要与竞争对手比较，有些企业也经常与非竞争对手比较。作为一种信息来源，特别是当建立的标杆过程对不同企业（如供应商管理）的功能活动具有共用性时，从合作伙伴处获得标杆信息往往比从竞争对手那里更容易。

标杆法对那些没有处于领先地位的企业是非常有用的。但是，许多企业并没有认识到这一点，平时不注意这方面的工作，一旦发现竞争对手推出更有竞争力的产品时再被动地采取行动，为时已晚。行业领先者也应该开展标杆测定活动，一个企业如果不注意竞争对手的发展，虽然有可能在一时一事上占据一定的优势，但不可能在市场上始终处于领先地位。许多曾红火一时的企业走向衰退就是很好的例证。

美国施乐公司发现，非竞争性标杆作为竞争性标杆的替代方法，可以借鉴使用任何行业领域中的相似功能进行最佳实践，这能够有效地帮助公司或部门取得竞争性优势。施乐公司的一个最优价值的标杆化研究由它的物流配送部门实施，该部门负责零部件的仓储等有关存货管理与运输活动。最初，施乐公司物流配送部门的生产率不尽如人意，在参观过 L. L. Bean 公司并了解其卓有成效的仓库管理后，施乐公司将其作为目标，对自身管理予以重新调整和改善。

1. 计划阶段

（1）确定标杆化内容。确定将本行业领先者的最佳实践作为标杆后，施乐公司在存货控制方面制定了一个新的计划系统，但是配送中心的经理日益感到行业发展带来的压力，因此，仓库管理被作为改进的目标。

经理们认为，在从收货到出货的整个过程中，最大的瓶颈在于分拣领域。据此，配送中心决定将标杆重点放在仓库的作业效率上。

（2）确定最佳的竞争者。施乐公司的物流配送部门想为物料管理过程确定一个最佳实践标杆对象，因此，它决定实施行业领先者的功能性标杆。物流配送部门进行了外部资料的收集，包括物料管理和物流领域的杂志、相关领域的专家组、若干物流管理方面的咨询公司，目的在于发现仓储领域中最新的发展态势和确立最佳实践的标杆对象。经过调查，施乐发现，L. L. Bean公司的仓库操作十分优秀，尽管两个公司的零部件和供应品是不同的，但它们的专业配送却很相似，两个公司都建立了仓库和配送系统用于管理在尺寸、形状和重量上多样化的产品。施乐公司物流配送部门的研究者将L. L. Bean公司确认为仓库和物料管理标杆化的最佳代表。

（3）数据收集方法。标杆研究小组随即界定使用私下的、专业的和访谈的方式作为数据的收集方法。主管标杆进程的经理与L. L. Bean公司讨论了标杆管理合作事宜，安排施乐公司的标杆小组访问L. L. Bean公司，讨论其仓库操作具体方法。

2. 分析阶段

（1）找出目前的竞争差距。根据访问，标杆小组集中分析了L. L. Bean公司的实践与施乐公司内部的操作有何不同以及原因所在。分析显示，L. L. Bean公司的计算机导向活动范围要大于施乐公司。分析结果进一步体现了行业最优实践，见表10-2。

表10-2 仓储的最优实践

运作步骤	行业最后实践
接受	在线接收输入，对采购订单和相关内容进行协调
物料搬运	提前做安排，使运距最小化；通过货架设置使分配率达到100%
分拣	完整的在线分拣计划使分拣人员的工作路线最短、集装箱利用率最大
存货再定位	对存货自动进行再定位，与每天的订单速度一致
分拣区域补货	从预先安排好的入口上货，从存货中自动补充分拣区域
装运	通过条码扫描自动将分拣出的产品正确装运给码头上的承运商
其他准备	进行不同区域不同人员的生产率和订单履行率的差错率分析

（2）规划未来的工作。研究发现，L. L. Bean公司的工作效率相当高，表10-3比较了L. L. Bean公司和施乐公司在次年2月的实际数据。L. L. Bean公司的分拣操作比施乐的更有效率，公司的有关仓库操作在施乐是不做的，如柔性产品的最终成型。所以说，应当对实施的领域进行理解，相关评估在表10-4中以简略的形式加以表示，其目的是获得反馈，对一致的方面做进一步分析。这种分析通过头脑风暴法和参与者所赋予的权重显示的接受程度来实施，然后据此采取正确的行动。

表 10-3 分拣和仓库总体运作比较表

次年 2 月数据		L. L. Bean 公司	施乐公司
分拣	订单数/人工日	550	117
	产品系列数/人工日	1440	497
	件数/人工日	1440	2640
仓库总体运作	订单数/人工日	69	27
	产品系列数/人工日	132	129
	件数/人工日	132	616

表 10-4 使用最终目标分析法获取标杆化

目前状况	最终目标状况
没有需要标杆化的意识	行业最佳实践得到承认
没有标杆化行动或不理解标杆法的几大步骤	整个组织都研究标杆化
不知道竞争差距	全面理解标杆做法。清楚目前做法和标杆实践的差距,既要明白差别在哪里,又要明白二者为什么不同
没有进行实践的权利	完全拥有实施权并在贯彻上有实际的步骤

3. 统一工作阶段

在统一工作阶段,标杆小组应首先交流他们的分析结果并设计未来的作业。

(1)交流分析结果。施乐公司的物流配送部门清楚,在研究过程中,开放式的交流是保证成功认可行动计划和贯彻计划的途径之一。在研究的最初阶段,施乐公司采取以下战略方法来交流:生产线经理的参与、部门副经理的参与、地区配送总经理的参与、报告的传阅与上层管理人员的会晤。

(2)建立功能性目标。根据标杆对比,施乐公司在分析如何提高仓库物料管理的过程中,将问题分为两个部分:

①物流流程简化。这一运作目标是使物料流转的步骤极少,同时使产品从接收入库到运送至客户处的距离最小。

②运作管理。它决定了完成上述流程设计后,仓库运作应当如何进行管理,目标是资源最小化,尤其在人力资源的利用、订单的数量最大化方面。在某种程度上,有效的运作需要决定了物料管理的方案。

只有对上述两方面加以结合才能有良好的行业实践。流畅的流程是好的,但施乐公司对 L. L. Bean 公司的标杆研究,证实了其可以获得比流程流畅更多的益处。

4. 采取行动阶段

一旦确定了功能性目标,就要开展行动计划。

(1)开展行动计划。行动计划包括以下内容:先成立一个专门的项目小组,将新的运作方案应用到流水线型的流程设计上。然后用计算机进行订单的处理工作,把公司的最佳实践行为融入仓库的现代化设计上。这项工作应在标杆化活动的开始阶段就执行。其他的实践行为,如计算机分拣并没有加到这一设计中来。

(2)贯彻计划和控制结果。由于以往做法的程度和复杂性不容忽视,所以要成立项目小组来督促进行。

①组织一个综合发展项目。

②准备一份记录要求的文件,其中要记录 L.L.Bean 公司和其他标杆化合作伙伴的最佳实践。

③要求卖主提供满足标杆化要求的建议。

④根据标杆比较的计划和 L.L.Bean 公司的具体做法,在这两个不同的方面分别做监督和汇报。

⑤建立各部门的目标,这些目标应与实施最佳实践的个别生产率计划一起做季度性评估。

⑥对以部门和业务为单位的高层管理进行跟踪。

施乐公司对 L.L.Bean 公司的标杆经验表明,标杆化可以使企业真正实现绩效的提高、收益的增加。

10.3.2 标杆管理方法

常见的标杆管理方式有内部标杆化、竞争性标杆化、功能性标杆化和一般性标杆化。每一种标杆化方式都具有各自不同的特点,同时也会产生不同的效果。

1. 内部标杆化

内部标杆化是简单且易操作的标杆管理方式之一。在部门组织设计庞杂的大公司中,辨识内部绩效标杆的标准,即确立内部标杆管理的主要目标,可以做到企业内部信息共享。实施内部标杆化是标杆化的开端,它对实施标杆化起到了一个领航的作用。

例如,施乐总公司的营销部门想通过设计客户服务小组来迅速且有效地处理客户提出的问题和要求。问题的关键是如何确定最优的组织结构和实施运作系统。经过考察,营销部门发现施乐公司设于加拿大的分公司在这方面的实践成果是最优的。因此,通过实施标杆化设置了加拿大客户信息中心。

由于单独执行内部标杆化的企业往往容易产生封闭思维,因此在实践中,内部标杆化应当与外部标杆管理相结合。

2. 竞争性标杆化

竞争性标杆化是同最好的竞争对手的工作进行比较。竞争标杆管理的目标是与有着相同市场的企业在产品、服务和工作流程等方面的绩效与实践进行比较,直接面对竞争者。有时,发现竞争性标杆化和内部标杆化之间的区别能够确认本公司的优势和劣势。

这类标杆管理实施的困难之处在于要知道竞争对手的实践活动,而除了公共领域的信息容易获得外,其他关于竞争企业的信息一般是较难获得的。

3. 功能性标杆化

功能性标杆化是以行业领先者或某些企业的优秀功能运作为标准进行的标杆管理。被标杆的企业不一定是同行业的,但它们在功能领域中的实践做法通常被认为是最好的。由于不存在直接的竞争关系,因此合作者往往较愿意提供和分享技术与市场信息。不足之处是实施费用高。

4. 一般性标杆化

如果一个企业开始关注质量问题,实施全面质量管理,那么一般性标杆化就会为企业带来较上述三种方式更大的效益。调查结果表明,当把关注的重点投向工作流程时,标杆化往往会产生最大的回报。所以,一般性标杆化有时也可以称为流程标杆管理。可以说,相似的工作流程存在于很多业务活动中,因此,这种类型的标杆化不受特定行业的限制。

虽然这种标杆化方式被认为是最有效的,但也是最难进行的。它一般要求企业对整个工作流程和操作有详细的了解。

上述四种标杆管理方法通常按照以上的顺序被标杆管理成熟度不同的企业逐一采用。

10.3.3　标杆化的基础工作和实施步骤

1. 标杆化的基础工作

实施一项标杆化活动,首先需要做以下基础工作:

(1)了解自身的业务和业务中存在的优势和劣势。只有对自己有全面的认识,才能正确执行标杆化,对实际工作进行恰当的事前、事中以及事后绩效评估。

(2)了解行业领先者及其竞争对手。只有了解它们的优势与劣势,企业才能认清自身的竞争力。

(3)学习最优者。使用适当的标杆方式,学习最优者,获得优势并超过标杆对象。

(4)取得管理上的支持。与合作者进行有效沟通,取得管理上的支持。具体来讲,包括以下几个方面:

①愿意与合作者分享信息。

②避免讨论定价或竞争性的敏感成本等方面的内容。

③不向竞争者索要敏感数据。

④未经许可,不分享所有者的信息。

⑤选择一个公正的第三者,在不公开企业名称的情况下集成和提供竞争性数据。

⑥不用标杆数据向外界贬低竞争者的业务活动。

2. 标杆化的实施步骤

标杆化的实施分为5个关键阶段,共有11个步骤。

(1)计划阶段。

步骤1:确定设立标杆的功能领域。

步骤2:确定标杆对象。

步骤3:收集数据。

成功的标杆化首先要对本企业的功能领域有充分的了解,然后选出急需改进的功能领域部分。要确定最需要标杆化的功能领域,就需要揭示出该项功能领域目前正面临的问题。这些问题主要集中在客户所关注的问题上,包括服务水平、成本、客户期望等。接下来就要确认能够提供具有借鉴、比较价值信息的公司或部门。它们可能在本行业,也可能处于其他行业领域;它们在要标杆化的领域都应该是世界顶级优秀的企业或部门。

在计划阶段,收集信息无疑是一项必备的工作。标杆所需的信息有两大来源:二手资料和原始调查。二手资料主要通过公共途径获取,如专家咨询、公共出版物、研讨会、网络等。对这些公开化的信息要注意去伪存真,防止在实施标杆时被一些信息所蒙蔽。在条件适宜时,可选择实施原始调查。显然,原始调查需要较大的资金、时间与人力的投入,而且难度较大。几种典型的方法主要有顾客反馈、电话访谈、查询服务、电视广播、外部的咨询公司和对标杆对象公司的实地调查。

(2) 分析阶段。

步骤4:衡量差别。

步骤5:比较差别。

在对标杆管理进行了全面计划后,要将上一阶段获取的信息进行加工。对自身和外部标杆对象进行各项参数的衡量和比较,这是分析最优工作实践的基础。

(3) 统一阶段。

步骤6:汇报进程。

步骤7:改进实践目标。

做出计划、分析后,会总结规划出标杆化的一系列进程。将这一进程告知相关人员,使相关人员在标杆调查的基础上,对标杆化的前景有所认识。相关人员各抒己见,共同改进实践目标,最终得到标杆化工作的统一认识。

(4) 实施阶段。

步骤8:实施明确的行动计划。

步骤9:规定责任。

步骤10:持续进行标杆管理。

标杆比较的目的不是只看到自己同标杆对象之间存在的差距,其目标是改进绩效。要真正将标杆化落实到行动上,定期对工作成果进行测评。标杆参与人员要各司其职。此外,标杆化并不是一件一劳永逸的工作,它是一个不断学习和改进的过程。因此,实施标杆化的公司必须始终跟踪当前行业的最新进展,持续进行标杆工作实践。

(5) 完成阶段。

步骤11:标杆制度化。

当最优实践贯穿于公司的所有事务中时,可以说标杆化方法已经被制度化了,公司的标杆工作进程就可以告一段落了。

 研究案例

美孚石油公司的杠杆管理

"三人行,必有我师",对于一个企业来说也是如此。龙头老大不可小觑实力不如自己的企业,应挖掘对方的优点并向其学习;倘若在自己的行业内没有值得学习的对象,也可以把自身存在的问题进行分解,并针对某个具体环节向其他行业的高手学习。所以标杆管理其实就是一个不断学习和超越的自我改进系统。

美孚石油(Mobil)公司是世界上最著名的公司之一。2000年,埃克森美孚公司全年销售额为2320亿美元,位居全球500强第一位。人均产值为193万美元,约为中国石化的50倍。不过,美孚的进取心是很强的,还想做得更好。于是美孚做了一个调查,试图发现自己的新空间。当时美孚公司询问了服务站的4000位顾客什么对他们是最重要的,结果发现:仅有20%的被调查者认为价格是最重要的。其余的80%想要三件同样的东西:一是快捷的服务;二是能提供帮助的友好员工;三是对他们的消费忠诚予以一些认可。

美孚把这三样东西简称为速度、微笑和安抚。美孚的管理层认为:论综合实力,美孚在石油企业里已经独步江湖了,但要把这三项指标拆开看,美国国内一定还有做得更好的其他企业。美孚于是组建了速度、微笑和安抚三个小组,去找速度最快、微笑最甜和回头客最多的标杆,以标杆为榜样改造美孚遍布全美的8000个加油站。

经过一番认真寻找,三个标杆都找到了。速度小组锁定了潘斯克(Penske)公司。世界上赛车运动的顶级赛事是一级方程式赛车,即F1赛车。但美国人不玩F1,它有自己的F1赛车,即"印地500大赛"(Indy500)。而潘斯克公司就是给"印地500大赛"提供加油服务的。在电视转播"印地500大赛"时,观众都目睹到这样的景象:赛车风驰电掣般冲进加油站,潘斯克的加油员一拥而上,眨眼间赛车加满油绝尘而去。美孚的速度小组经过仔细观察,总结了潘斯克之所以能快速加油的绝招:这个团队身着统一的制服,分工细致,配合默契。而且潘斯克的成功,部分归功于电子头套耳机的使用,它使每个小组成员能及时地与同事联系。

于是,速度小组提出了几个有效的改革措施:在加油站的外线上修建停靠点,设立快速通道,供紧急加油使用;加油站员工佩戴耳机,形成一个团队,安全岛与便利店可以保持沟通,及时为顾客提供诸如汽水一类的商品;服务人员穿着统一的制服,给顾客一个专业加油站的印象。一位服务员曾表述说:"顾客们总把我们误认为是管理人员,因为我们看上去非常专业。"

微笑小组锁定了丽嘉-卡尔顿酒店作为温馨服务的标杆。丽嘉-卡尔顿酒店号称全美最温馨的酒店,那里的服务人员总保持招牌般的甜蜜微笑,因此获得了不寻常的顾客满意度。美孚的微笑小组观察到,丽嘉-卡尔顿酒店对所有新员工进行了广泛的指导和培训,使员工们深深铭记:自己的使命就是照顾客人,使客人舒适。据美孚微笑小组人员说:"丽嘉的确独一无二,因为我们在现场学习过程中被丽嘉所感染,使我们不自觉地融入丽嘉。即使是在休息时间,我们也不忘帮助入住旅客提包。我们实际上活在丽嘉的信条中,这就是真正要应用到自己的业务中的东西,即在那种公司里,你能愉快地享受服务于客户而带来的自豪与满足感,那就是丽嘉真正的魔力。在我们的服务站,没有任何理由可以解释为什么我们不能有同样的自豪,不能有与丽嘉-卡尔顿酒店一样的客户服务现象。"

微笑的标杆找到了。现在,当顾客准备驶进的时候,美孚已经为他准备好了汽水和薯片,服务人员面带笑容地等在油泵旁边,准备好高级无铅汽油,这种全心全意为客户服务的态度深得顾客喜欢。

全美公认的回头客大王是"家庭仓库"公司。安抚小组于是把它作为标杆。他们从"家庭仓库"公司学到:公司中最重要的人是直接与客户打交道的人。这意味着要把时间和精力投入到如何雇用和训练员工上。而过去在美孚公司,那些销售公司产品、与客户打交道的一线员工被认为是公司里最无足轻重的人。

安抚小组的调查改变了美孚公司以往的观念,现在领导者认为自己的角色就是支持这些一线员工,使他们能够把出色的服务和微笑传递给公司的客户,传递到公司以外。

美孚在经过标杆管理之后,顾客一到加油站,迎接他的是服务员真诚的微笑与问候。所有服务员都穿着整洁的制服,打着领带,配有电子头套耳机,以便能及时地将顾客的需求传递到便利店的出纳那里。希望得到快速服务的顾客可以开进站外的特设通道中,只需要几分钟,就可以完成洗车和收费的全部流程。这样做的结果是:加油站的平均年收入增长了10%。

 思考题

1. 物流绩效评价存在哪些缺点?
2. 试说明物流绩效评价的作用。
3. 简述标杆化的基础工作和实施步骤。

第 11 章 物流成本核算与控制

本章要点

知识要点	掌握程度
物流成本的构成与分类	掌握
物流成本核算	了解
物流成本控制	掌握

导入案例

布鲁克林酿酒厂的物流成本管理

布鲁克林酿酒厂在美国分销布鲁克林拉格和布朗淡色啤酒,并且已经经营了多年。虽然在美国还没有成为国家名牌,但在日本却已创建了一个每年 200 亿美元的市场。Taiyo 资源有限公司是 Taiyo 石油公司的一家国际附属企业。在这个公司的 Keiji Miyanmoto 访问布鲁克林酿酒厂之前,该酿酒厂还没有立即将其啤酒出口到日本的计划。Keiji Miyanmoto 认为,日本消费者会喜欢这种啤酒,并说服布鲁克林酿酒厂与 Hiroyo 贸易公司全面讨论在日本的营销业务。Hiroyo 贸易公司建议布鲁克林酿酒厂将啤酒空运到日本,并通过广告宣传其进口啤酒所具有的独一无二的新鲜度。这是一个营销战略,也是一种物流作业,因为高成本使得目前还没有其他酿酒厂通过空运将啤酒出口到日本。

(1)布鲁克林酿酒厂运输成本的控制。布鲁克林酿酒厂装运它的布鲁克林拉格到达日本,并在最初的几个月里使用了各种航空承运人。最后,日本金刚砂航空公司被选为布鲁克林酿酒厂唯一的航空承运人。金刚砂公司之所以被选中,是因为它向布鲁克林酿酒厂提供了增值服务。金刚砂公司在其 J. F. K. 国际机场的终点站交付啤酒,并在飞往东京商航上安排运输,金刚砂公司通过其日本报关行办理清关手续。这些服务有助于保证产品完全符合新鲜要求。

(2)布鲁克林酿酒厂物流时间与价格的控制。啤酒之所以能达到新鲜要求,是因为这样的物流作业可以在啤酒酿造后的 1 周内将啤酒从酿酒厂直接运达顾客手中,而海外装运啤酒的平均订货周期为 40 天。新鲜的啤酒能够超过一般价值定价,高于海运装运的啤酒价格的 5 倍。虽然布鲁克林拉格在美国是一种平均价位的啤酒,但在日本,它是一种溢价产品,获得了极高的利润。

(3)布鲁克林酿酒厂包装成本控制。布鲁克林酿酒厂将改变包装,通过装运小桶装啤酒而不是瓶装啤酒来降低运输成本。虽然小桶重量与瓶装啤酒相等,但减少了玻璃破碎而使啤酒损毁的机会。此外,小桶啤酒对保护性包装的要求也比较低,这将进一步降低装运成本。

在物流管理过程中，无论采用什么样的物流技术与管理模式，最终目的都不在于这种模式与技术本身，而是为了实现企业物流的合理化，也就是通过对物流系统目标、物流设施设备和物流活动组织等进行改进与调整，实现物流系统的整体最优化，其最终目标都是要在保证一定物流服务水平的前提下，实现物流成本的降低。可以说，整个物流管理和物流技术的发展过程，就是不断追求物流成本降低的过程。

11.1 物流成本的构成与分类

11.1.1 物流成本的概念

物流成本是指从原材料供应开始一直到将商品送达消费者手上所耗费的各种活劳动和物化劳动的货币表现。具体地说，它是产品在实物运动过程中，如包装、搬运装卸、运输、储存、流通加工等各个活动中所支出的人力、物力和财力的总和。

物流成本具有隐含性特征，传统上，由于物流成本没有被列入企业的财务会计制度，物流成本总是难以计算。制造企业习惯将物流费用计入产品成本，商业企业则把物流费用与商品流通费用混在一起。因此，无论是制造企业还是商业企业，不仅难以按照物流成本的内涵完整地计算出物流成本，而且连已经被生产领域或流通领域分割开来的物流成本也不能单独真实地计算并反映出来。换句话说，任何人都无法看到物流成本真实的全貌，了解其真实的支出。这就是物流"冰山学说"的理论基础。

许多物流成本是物流部门无法控制的，如保管费中就包括了由于过多进货或过多生产而造成积压的库存费用，以及紧急运输等例外发货的费用。

从销售方面看，物流成本并没有区分多余的服务和标准服务的不同，如物流成本中可包含促销费用。

物流成本之间存在权衡规律，在物流功能之间，一种功能成本的削减可能会导致另一种功能的成本增多，因为各种费用的互相关联，必须考虑整体的最佳成本。

物流成本研究的目的是要将混入其他费用科目的物流成本全部分离出来，使人们能够清晰地看到潜藏的物流成本，以便挖掘并降低成本。

11.1.2 物流成本的构成

分析企业物流成本时，一般按物流所处领域的不同将企业分为两种类型：流通企业物流和生产企业物流，相应的物流成本也可分为流通企业物流成本和生产企业物流成本。

1. 流通企业物流成本的构成

流通企业物流成本是指在组织物品的购进、运输、保管、销售等一系列活动中所耗费的人力、物力和财力的货币表现。其基本构成及分类如下：

(1) 人工费用，如企业员工的工资、奖金、津贴、福利费等。

(2) 营业费用，如运杂费、能源消耗费用、设施设备折旧费、保险费、办公费、差旅费以及经营过程中的合理消耗（如商品损耗）等。

(3) 财务费用，如支付的贷款利息、手续费、资金的占用费等。

(4) 管理费用，如行政办公费、差旅费、税金等。

(5)物流信息费,如硬件费用、软件费用、维护费等。

2. 生产企业物流成本的构成

生产企业主要生产满足市场需求的各种产品,为了进行生产活动,生产企业必须同时进行有关生产要素的购进和产品的销售,同时,为保证产品质量,并为消费者服务,生产企业还要进行产品的返修和废物的回收。因此,生产企业的物流成本是指企业在进行供应、生产、销售、回收等过程中所发生的运输、包装、保管、配送、回收方面的成本。与流通相比,生产企业的物流成本大都体现在所生产的产品成本之中,具有与产品成本的不可分割性。其物流成本的基本构成及分类如下:

(1)人工费用,即企业从事物流工作人员的工资、奖金、津贴、福利费。
(2)采购费用,如运输费、保险费、合理损耗、采购人员的差旅费等。
(3)仓库保管费,如仓库的维护保养费、搬运费。
(4)营业费用,即在物流活动中的能源、材料消耗费,办公费,差旅费,保险费,劳动保护费等。
(5)物流设施、设备维护和折旧费,仓库的折旧费。
(6)产品销售费用,即在产品销售过程中所发生的物流费用,如销售活动中的运输费、保险费、搬运费、装卸费、仓储费、配送费等。
(7)物流信息费,如物流硬件费用、软件费用、维护费用等。
(8)财务费用,如物流活动中的贷款利息、手续费、资金占用费等。

11.1.3 物流成本的分类

对于流通型和生产型企业在物流活动中发生的上述物流成本还可按一定的标准进行分类,以便正确认识和分析物流成本的构成,加强企业物流成本的管理,落实企业降低物流成本的方法和措施。

1. 按物品流通的环节分类

物流成本按流通环节可分为运输成本、流通加工成本、配送成本、包装成本、装卸搬运成本和仓储成本。

(1)运输成本。
①营运费用,如营运车辆的燃料费、轮胎费、折旧费、维修费、租赁费、车辆牌照费、检查费、车辆清理费、过路费、保险费、公路运输管理费等。
②人工费用,如工资、福利费、奖金、津贴和补贴等。
③其他费用,如差旅费、事故损失、相关税金等。
(2)流通加工成本。
①流通加工的设备费用。这类费用主要是指在流通加工过程中,由于流通加工设备的使用而发生的实体损耗和价值转移。流通加工设备因流通加工的形式不同而不同,如木材加工需要电锯,剪板加工需要剪板机等。购买这些设备所支出的费用以流通加工费的形式转移到了被加工的产品中。
②流通加工的材料费用。这类费用是指在流通加工过程中投入加工过程中的一些材料消耗的费用。

③流通加工的劳务费用。这类费用是指在流通加工过程中支付给从事加工活动的工人及有关人员的工资、奖金等费用。

④流通加工的其他费用。这类费用是指除上述费用外,在流通加工中耗用的电力、燃料、油料以及管理费用等。

(3)配送成本。

①流通加工费用。这类费用主要包括流通加工环节发生的设备使用费、折旧费、材料费及人工费用。

②分拣费用。这类费用主要包括配送分拣过程中发生的分拣人工费用及分拣设备费用。

③配装费用。这类费用主要包括配装环节发生的材料费用、人工费用。

④配送运输费用。这类费用主要包括配送运输过程中发生的车辆费用和营运间接费用。

(4)包装成本。

①包装材料费用。常见的包装材料有多种,由于包装材料的功能不同,成本差异也较大。

②包装机械费用。包装机械不仅可以极大地提高包装的劳动效率,也可以大幅度地提高包装水平。包装机械费用主要包括设备折旧费、低值易耗品摊销、维修费等。

③包装技术费用。为了使包装能够充分发挥其功能,达到最佳的包装效果,需要采用一定的包装技术,如实施缓冲包装、防潮包装、防伪包装等。这些技术的设计、实施所支出的费用就是包装技术费用。

④包装的人工费用。这类费用是指从事包装工作的工人与其他有关人员的工资、奖金、福利费等。

⑤包装辅助费用。这些费用包括包装标记、标志的设计费用,印刷费用,辅助材料费用,赠品费,以及相关的能源消耗费用等。

(5)装卸搬运成本。

①人工费用,如工人的工资、福利费、奖金、津贴、补贴等。

②营运费用,如固定资产折旧费、维修费、能源消耗费、材料费等。

③装卸搬运合理损耗费用,如装卸搬运中发生的货物破损、散失、损耗、混合等费用。

④其他费用,如办公费、差旅费、保险费、相关税金等。

(6)仓储成本。

①仓储持有成本。仓储持有成本是指企业为保持适当的库存而发生的成本,如仓储设备的折旧费、维修费、仓库员工工资、仓库的挑选整理费、仓储商品的损毁和变质损失等。

②缺货成本。缺货成本是指由于库存供应中断而造成的损失,包括原材料供应中断造成的停工损失、产成品库存缺货造成的延迟发货损失和丧失销售机会损失等。

③在途库存持有成本。如果企业以目的地交货价销售商品,就意味着企业要负责将商品运达客户,当客户收到订购的商品时,商品的所有权才转移。从理财的角度来看,这种在途商品在交给客户之前仍然属于企业所有,运货方式及所需的时间是储存成本的一部分,企业应该对运输成本与在途存货持有成本进行分析。在途库存持有成本一般包括库存的资本占用成本、保险费用、仓储风险成本等。

2.按物流成本的性态分类

按物流成本的性态分类,可将物流成本分为变动成本和固定成本。在企业的物流活动中,企业发生的资源耗费与物流业务量之间的关系可以分为两类:一是随物流业务量的变化而近似成比例变化的成本,如包装材料的消耗、工人的工资、能源消耗等;二是在一定业务范围内,与业务量的增减变化无关的成本,如物流设备折旧费、管理部门的办公费等。对于这两类不同性质的成本,将前者称为变动成本,而将后者称为固定成本。在企业的物流活动中,还存在一些不随物流业务量的变化成正比变化也非保持不变,而是随着物流业务量的增减变动而适当变动的成本,这种成本称为混合成本,如物流设备的日常维修费、辅助费用等。对于混合成本,可按一定方法将其分解成变动和固定两部分,并分别划归变动成本与固定成本。

3. 按物流成本是否具有可控性分类

按物流成本是否具有可控性,可将物流成本分为可控成本与不可控成本。可控成本是指考核对象对成本的发生能够控制的成本。例如,包装部门的经营管理水平与包装材料的耗用量相关,而与包装设备的折旧费无关,所以,包装材料费是包装部门的可控成本,而包装设备折旧费则是不可控成本。由于可控成本对各责任部门来说是可以控制的,因而必须对其负责。不可控成本是指考核对象对成本的发生不能予以控制,因而也不予负责的成本,如上述包装设备的折旧费。

可控成本与不可控成本都是相对的,而不是绝对的。对于一个部门来说是可控的,而对另一部门来说可能是不可控的。但从整个企业来考察,一切费用都是可控的,只是这种可控性需要分解落实到相应的责任部门。

除此之外,物流成本还存在一些其他的分类方式,如按物流成本支付形态分为材料费、人工费、公益费、维护费、一般经费、特殊经费和委托物流费用。按物流活动范围可分为供应物流费、企业内物流费、销售物流费、退货物流费和废弃物物流费等。

11.2 物流成本核算

11.2.1 物流成本的核算对象与流程

1. 物流成本核算对象

物流成本核算对象是指企业或成本管理部门为归集和分配各项成本费用而确定的,以一定时间和空间范围为条件而存在的成本核算实体。物流成本核算对象的选取,主要取决于物流范围、物流功能范围、物流成本费用范围与物流成本控制的重点。企业的物流活动都是在一定的时空范围内进行的,从各个物流活动的经营过程来看,时间上具有连续性和继起性,空间上具有并存性。因此,各项物流成本费用的发生,需要从其发生期间、发生地点和承担实体三个方面进行合理划分,这就形成了成本核算对象的三个基本构成要素。

根据对物流成本核算对象的三个基本构成要素的分析,结合企业物流成本管理的基本要求,企业物流成本核算对象主要存在以下几种情况:

(1)以物流费用的支付形态为成本计算对象所进行的物流成本核算。具体是指:①企业内部物流费计算,即汇总、归集企业自己进行各项物流活动所发生的物流费用,它是相对于委托物流费计算而言的。企业内物流费计算又可分为材料费、人工费、水电气费、维护费、物流信息费等其他费用计算。②委托物流费计算,即汇总、归集企业委托外单位进行运输、保管、装卸、包装、流通加工等物流活动所支付的各项费用。③企业外支付物流费计算,包括供应企业外支付物流费计算和销售企业外支付物流费计算。

(2)以物流活动的功能为成本计算对象所进行的物流成本核算。即对企业一定时期的物流费用按其发生用途的不同进行分类、汇集,包括运输费、保管费、装卸费、包装费、流通加工费及物流管理费等计算。

(3)以物流活动的范围为成本计算对象所进行的物流成本核算。即对企业一定时期的物流费用按发生于物流活动的不同过程所进行的汇总、归集,具体包括供应物流费、生产物流费、销售物流费、退货物流费和废弃物物流费等计算。通过对物流活动的范围分别进行物流成本核算,便于发现不同过程物流活动中所存在的问题,分清有关部门对此应负的责任,并为不同过程物流活动的协调、控制提供依据。

(4)以产品为对象进行的物流成本核算。对供应部门以各种原材料、包装材料为成本计算对象所进行的物流成本计算;对生产部门以在制品、半成品、产成品为成本计算对象所进行的成本计算;对整个企业和销售部门以销售产品为成本计算对象所进行的成本计算。

以产品为对象进行物流成本计算,可以知道各产品的物流耗费状况,从而有利于企业物流管理抓住重点、合理组织购销活动。

企业进行物流成本管理的目的不同,其所需要的物流成本资料也就有所不同,由此产生出上述不同的成本计算对象和方法,共同构成了企业物流成本核算的方法体系。

2. 物流成本计算流程

物流成本核算的一般流程是指对企业在生产经营过程中发生的各项物流费用,按照成本核算的要求,逐步进行归集和分配,最后计算出各项期间费用、物流总成本和各种成本对象的物流成本的基本过程。根据上述的物流成本计算原则、要求和费用的分类,可将物流成本计算的一般流程归纳如下:

(1)明确物流范围。

物流范围作为成本的计算领域,是指物流的起点和终点的长度。人们通常所说的物流有:①原材料物流,即原材料从供应商转移到工厂时的物流;②工厂内物流,即原材料、半成品、产成品在企业的不同工序、不同环节之间的转移和存储;③从工厂到仓库的物流;④从仓库到客户的物流等。所以,将不同的物流范围作为物流成本的计算对象,会引起物流成本发生很大的变化。

(2)确定物流功能范围。

物流功能范围是指在运输、保管、配送、包装、装卸、信息管理等众多的物流功能中,把哪种物流功能作为计算对象。可以想见,把所有的物流功能作为计算对象的成本与只把运输、保管这两项功能作为计算对象所得到的成本会相差悬殊。

(3)审核原始记录。

成本核算是以有关的原始记录为依据的,如依据计算材料费用的领料单或领料登记表,计算工资费用的考勤记录和业务量记录等。为了保证成本核算的真实、正确和合法,成本核算人员必须严格审核有关的原始记录,审核其内容是否填写齐全,数字计算是否正确,签章是否齐全,费用应不应该开支,所耗费用的种类和用途是否符合规定,费用有无超过定额或计划等。

(4)确定成本计算对象。

成本计算的过程,就是按照一定的成本计算对象分配、归集物流费用的过程。成本计算对象是指成本计算过程中归集、分配物流费用的对象,即物流费用的承担者。成本计算对象不是由人们主观随意规定的,不同的生产经营类型从客观上决定了不同的成本计算对象。企业可以根据自己生产经营的特点和管理要求的不同,选择不同的成本计算对象来归集、分配物流费用。

(5)确定成本项目。

为了正确反映成本的构成,必须合理地规定成本项目。成本项目要根据具体情况与需要设置,既要有利于加强成本管理,又要便于正确核算物流成本。企业一般应设置直接材料、燃料及动力、直接人工费用和间接费用等成本项目。在实际工作中,为了使成本项目更好地适应企业的生产经营特点和管理要求,企业可以对上述成本项目进行适当的调整。

(6)处理跨期费用的摊提工作。

跨期费用是指按照权责发生制原则,虽在本期支付但应由本期和以后各期共同负担的物流费用以及本期尚未支付但应由本期负担的物流费用。对于这类物流费用,在会计核算上采用待摊或预提的办法处理。将在本期开支的成本和费用中应该留待以后各期摊销的费用,计为待摊费用;将在前期开支的待摊费用中本期应摊销的成本和费用,摊入本期成本和费用;将本期尚未开支但应由本期负担的成本和费用,预提计入本期的成本和费用。

(7)进行成本归集和分配。

将应计入本期物流成本的各项物流费用,在各种成本对象之间按照成本项目进行分配和归集,计算出按成本项目反映的各种成本对象的成本,这是本期物流费用在各种成本对象之间进行的横向分配和归集。

(8)设置和登记成本明细账。

为了使成本核算结果真实、可靠、有据可查,成本计算的过程必须要有完整的记录,即通过有关的明细账或计算表来完成计算的全过程。要正确计算各种对象的成本,必须正确编制各种费用分配表和归集的计算表,并且登记各类有关的明细账,这样才能将各种费用最后分配、归集到成本的明细账中,算出各种对象的成本。

物流成本核算程序是指从物流费用发生开始,到计算出物流总成本和单位成本对象的成本为止的整个成本计算的步骤。

11.2.2 物流成本核算方法

物流成本核算体系中的各种物流成本信息可以通过以下方案来取得:

1. 会计方式的物流成本核算方法

所谓会计核算方法,就是通过凭证、账户、报表对物流耗费予以连续、系统、全面地记录、计算和报告的方法。会计方式的物流成本核算,具体包括两种形式:①双轨制,即把物流成本核算与其他成本核算截然分开,单独建立物流成本核算的凭证、账户、报表体系。在单独核算的形式下,物流成本的内容在传统成本核算和物流成本核算中得到双重反映。②单轨制,即物流成本核算与企业现行的其他成本核算(如产品成本核算、责任成本核算、变动成本核算等)结合进行,建立一套能提供多种成本信息的共同的凭证、账户、报表核算体系。在这种情况下,要对现有的凭证、账户、报表体系进行较大的改革,需要对某些凭证、账户、报表的内容进行调整,同时还需要增加一些凭证、账户和报表。

2. 统计方式的物流成本核算方法

所谓统计方式,就是说它不要求设置完整的凭证、账户和报表体系,而主要是通过对企业现行成本核算资料的解剖分析,从中抽出物流耗费部分,即物流成本的主体部分再加上一部分现行成本核算没有包括进去,但要归入物流成本的费用,如物流信息、外企业支付的物流费等,然后再按物流管理的要求对上述费用重新归类、分配、汇总,加工成物流管理所需要的成本信息。

3. 统计方式与会计方式相结合的物流成本核算方法

所谓统计方式与会计方式相结合,是指物流耗费的一部分内容通过统计方式予以核算,另一部分内容通过会计方式予以核算。运用这种方法,也需要设置一些物流成本账户,但不像第一种方法那么全面、系统,而且这些物流成本账户不纳入现行成本核算的账户体系,对现行成本核算来说是一种账外核算,具有辅助账户记录的性质。

11.2.3　物流成本核算存在的主要问题

由于物流成本信息的复杂性,目前我国物流成本核算还存在许多问题。在现行会计核算体系的框架内,无法直接得到物流成本数据,各种物流成本数据混杂在生产成本、销售费用以及财务费用中。如从企业内部来看,货物购买或销售时产生的运输成本常常包含在货物的购入成本或产品销售成本之中;厂内运输成本常常是计入生产成本的;订单处理成本可能包含在销售费用之中;部分存货持有成本又可能包含在财务费用之中;等等。从供应链角度来考虑,则会发现一系列相互关联的物流活动产生的物流总成本既分布在企业内部的不同职能部门中,又分布在企业供应链上下游的不同合作伙伴那里。

一般情况下,企业会计科目中,只把支付给外部运输、仓储企业的费用列入物流成本,而物流基础设施建设费和企业利用自己的车辆运输、利用自己的库房保管货物、由自己的工人进行包装装卸等产生的费用都没有列入物流费用科目内。一般来说,企业向外部支付的物流费用占很小的比例,企业内部发生的物流费用占较大比例。

物流成本难以确定的原因也是物流费用"冰山学说"成立的原因:①物流成本的计算范围太大。物流范围包括原材料物流、工厂内部物流、从工厂到仓库和配送中心的物流、从配送中心到商店的物流等。这么大的范围,涉及的单位非常多,牵涉面也很广,很容易漏掉其中的一部分。计算哪部分、漏掉哪部分,物流费用的多少相差甚远。②物流成本的计算对象难以确定。运输、包装、保管、装卸及信息等各物流环节中,以哪些环节作为物流成本的计算对象呢?如果只计算运输和保管费用,不计其他费用,与将运输、保管、装卸、包装以及信息等费用全部进行计算相比,两者的费用计算结果差别相当大。③物流成本计算内容难以归集。这是确定选择哪几种费用列入物流成本中的问题。比如:向外部支付的运输费、保管费、装卸费等费用一般都很容易列入物流成本,但是本企业内部发生的物流费用,如与物流相关的人工费、物流设施建设费、设备购置费以及折旧费、维修费、电费、燃料费等是否也应列入物流成本中?此类问题都与物流费用的多少直接相关。因此物流费用犹如一座海里的冰山,露出水面的仅是冰山的一角。

对物流成本的计算和控制,各企业通常是分散进行的,各企业根据自己不同的理解和认识来把握物流成本。由于没有统一的计算标准,致使各企业物流成本包含的范围不同,因此企业之间无法进行物流成本的比较,也无法得出企业物流成本的平均值来真正衡量企业的相对物流绩效,使物流管理失去依据。

在企业中,物流部门无法掌握和控制的物流成本较多,增加了物流成本管理的难度。比如,由于过量进货、过量生产而产生的保管费,紧急运输产生的费用和过量服务所产生的成本都包括在其中,从而增加了物流成本管理的难度。

另外,物流费用属于公司的内部机密,各公司多不愿透露,使得调查所花费的时间、成本均高,但可信度与相对效益却不佳,无法正确地估算出国内整体的物流总费用或市场规模。

物流成本核算和评价上所存在的问题,显然为利用物流成本进行物流管理增加了难度,也是我国物流管理面临的挑战。

11.3 物流成本控制

物流成本控制是根据计划目标,对成本发生和形成过程以及影响成本的各种因素和条件施加主动的影响,以保证实现物流成本计划的一种行为。从企业生产经营过程来看,成本控制包括成本的事前控制、事中控制和事后控制。成本事前控制是整个成本控制活动中最重要的环节,它直接影响以后各作业流程成本的高低。事前成本控制活动主要有物流配送中心的建设控制、物流设施设备的配备控制、物流作业过程改进控制等。成本的事中控制是对物流作业过程实际劳动耗费的控制,包括设备耗费的控制、人工耗费的控制、劳动工具耗费和其他费用支出的控制等方面。成本的事后控制是通过定期地对过去某一段时间成本控制的总结、反馈来控制成本。通过成本控制,可以及时发现存在的问题,采取纠正措施,保证成本目标的实现。

11.3.1 影响物流成本的因素

1. 竞争性因素

企业所处的市场环境充满了竞争,企业之间的竞争除了产品的价格、性能、质量方面的竞争外,还有服务的竞争。从某种意义上来讲,优质的客户服务是决定竞争成败的关键。高效的物流系统是提高客户服务的重要途径。如果企业能够及时可靠地提供产品和服务,则可以有效地提高客户服务水平,这都依赖于物流系统的合理化。而客户的服务水平又直接决定物流成本的高低,因此物流成本在很大程度上是会随着日趋激烈的竞争而不断发生变化的,企业必须对竞争做出反应。影响客户服务水平的主要有商品价格、订货周期、库存水平、运输等因素。

2. 产品因素

产品特性的不同也会影响物流成本,主要的产品影响因素有:

(1) 产品价值。

产品价值的高低会直接影响物流成本的大小。随着产品价值的增加,每一个物流活动的成本都会增加,运费在一定程度上反映货物移动的风险。一般来讲,产品的价值越大,对其所需使用的运输工具要求越高,仓储和库存成本也会随着产品价值的增加而增加。高价值意味着存货中的高成本以及包装成本的增加。

(2) 产品密度。

产品密度越大,相同运输单位所装的货物越多,运输成本就越低。同理,产品密度越大,仓库中一定空间领域存放的货物也越多,库存成本就会降低。

(3) 产品废品率。

影响物流成本的一个重要因素是产品的质量,即产品废品率的高低。生产高质量的产品可以杜绝因次品、废品等回收、退货而发生的各种物流成本。

(4) 产品破损率。

产品破损率较高的物品即易损性物品,对物流成本的影响是显而易见的。易损性物品对物流各环节如运输、包装、仓储等都提出了更高的要求。

(5) 特殊搬运。

有些物品对搬运提出了特殊的要求,如对大体积物品的搬运需要特殊的装载工具;有些物品在搬运过程中需要加热或制冷等,这些都会增加物流成本。

3. 环境因素

环境因素包括空间因素、地理位置及交通状况等。空间因素主要是指物流系统中企业制造中心或仓库相对于目标市场或供货点的位置关系等。若企业距离目标市场太远,交通状况较差,则必然会增加运输及包装等成本。若在目标市场建立或租用仓库,也会增加库存成本,因此环境因素对物流成本的影响是很大的。

4. 管理因素

管理成本与生产和流通没有直接的数量依存关系,但却直接影响着物流成本的大小,节约办公费、水电费、差旅费等管理成本,可以相应地降低物流成本总水平。另外,企业利用贷款开展物流活动,必然要支付一定的利息,资金利用率的高低影响着利息支出的大小,从而也影响着物流成本的高低。

11.3.2 物流成本的控制方法与途径

1. 物流成本的控制方法

传统的物流成本控制主要是运用成本会计的方法,对成本限额进行预定,将实际物流成本与这一预定成本限额加以比较,纠正存在的差异,提高物流活动的经济效益。面对物流成本控制这一挑战,企业的首要任务是制订有效可行的计划。制订一份正式有效的计划,就可将实际运营情况与计划进行对照,从而得出应引起管理部门注意的变化。这项业务的开展并不要求企业专门建立新的成本资料,因为大多数数据已经以某种形式存在了,这要对会计体系中的现有数据进行取舍,以满足物流功能所需即可。只有在不同的业务活动水平下制定不同的正常的成本范围时,企业才能发现非正常的成本额,并对其加以控制。总体上讲,可用生产率标准、标准成本和弹性预算法对物流活动加以控制。

战略成本管理是一种全面性与可行性相结合的管理技术,它使企业在产品企划与设计阶段就关注到将要制造的产品成本是多少。战略成本管理最关键的因素是目标成本。作业基准成本法(activity-based costing,ABC)就是一种战略成本管理方法。

(1) 生产率标准。

生产率标准是单位投入产出的数量,或称为投入产出率,生产率=产出/投入,如运输作业的生产率=运输的吨公里数/实际运输总成本。产出可以用运输吨、装卸吨、完成订单或交运量衡量,投入可以用劳动时间、员工及货车数、仓库容量等表示。

(2) 标准成本。

标准成本是指事先制定标准成本,将标准成本与实际成本相比以揭示成本差异,对引起成本差异的因素进行分析,并据以加强成本控制的一种会计信息系统和成本控制系统。

(3) 弹性预算。

企业在不能预测业务量的情况下,标准成本法就无法实施,这就需要通过弹性预算实施控制,即按照一系列不同业务量水平所应开支的费用和利润水平编制不同的预算。预算的成功取决于各业务单位的成本特征能否预见,预算是否能弹性地反映运作情况的变动。

(4) 作业基准成本法。

作业基准成本法是指以作业为成本核算对象,通过成本动因来确认和计算作业量,进而以作业量为基础分配间接费用的成本计算方法。作业基准成本法按照各项作业消耗资源的多少把成本费用分摊到作业中,再按照各产品发生的作业多少把成本分摊到产品中去。

2. 物流成本控制的途径

(1) 通过实现供应链管理、提高对顾客的物流服务来削减成本。

在供应链物流管理体制下,仅仅本企业的物流有效率是不够的,它需要对商品流通的全过程实现供应链管理,使由生产企业、第三方物流企业、销售企业、消费者组成的供应链的整体化和系统化实现物流一体化,使整个供应链利益最大化,从而有效降低企业物流成本。提高物流服务也是降低物流成本的方法之一,通过加强对客户的物流服务,有利于销售的实现,确保企业的收益。当然在保证提高物流服务的同时,又要防止出现过剩的物流服务,超过必要的物流服务反而会有碍物流效益的实现。

(2) 借助于现代信息系统的构筑降低物流成本。

在传统的手工管理模式下,企业的成本控制受诸多因素的影响,往往不易也不可能实现各个环节的择优控制。企业采用信息系统,一方面可使各种物流作业或业务处理能准确、迅速地进行;另一方面通过信息系统的数据汇总,进行预测分析,可控制物流成本发生的可能性。

(3) 通过效率化的配送降低物流成本。

通过实现效率化的配送,提高装载率和合理安排配车计划,选择合理的运输线路,选择最佳的运送手段,从而降低配送成本。

(4) 利用物流外包来降低物流成本。

企业将物流外包给专业化的第三方物流公司,通过资源的整合、利用,不仅可以降低企业的投资成本和物流成本,而且可以充分利用这些专业人员与技术的优势提高物流服务水平。有条件的企业可以采用第三方物流公司直供上线,实现零库存,降低成本。

综上所述,物流成本控制是一个全面、系统的工程,要建立全新的控制思想,从全局着眼,才能获得较好的经济效益,物流的"第三利润源"作用才能真正发挥。

11.3.3 物流成本的日常控制

在日常的物流活动中,需要通过各种物流管理技术和方法的应用来提高物流效率,达到降低物流成本的目的。

1. 物流成本日常控制的原则

(1)成本控制与服务质量控制相结合的原则。

物流成本控制的目的在于加强物流管理,促进物流合理化。物流是否合理取决于两个方面:一是对客户服务质量的管理水平;二是物流费用的水平。如果只重视物流成本的降低,有可能影响到客户的服务质量,这是行不通的。因此,在进行物流成本控制的同时,必须把服务质量控制与物流成本控制相结合,正确处理降低物流成本与提高服务质量的关系,以二者的最佳结合谋求物流效益的提高。

(2)局部控制与整体控制相结合的原则。

这里所说的局部控制是指对某一物流功能或环节所耗成本的控制,而系统控制是指全部物流成本的整体控制。物流成本控制最重要的原则是对总成本进行控制,这就要求将整个系统与各个辅助系统有机地结合起来进行整体控制。

(3)全面控制与重点控制相结合的原则。

物流系统是一个涉及多环节、多领域、多功能的全方位的开放系统。物流系统的这一特点也要求我们在从根本上进行成本控制的同时,必须遵循全面控制的原则。而强调物流成本的全面控制,并非要求将影响成本升降的所有因素事无巨细、一律平等地控制起来,而应按照项目管理的原则,实施重点控制。

(4)经济控制与技术控制相结合的原则。

这就是要求把物流成本的日常管理与经济规律结合起来,进行物流成本的综合管理和控制。物流成本是一个经济范畴,实施物流成本控制必须遵循经济规律,广泛利用信息、奖金、定额、利润等经济范畴和责任结算、业绩考核等经济手段。同时,物流管理是一个技术性很强的管理工作。所以在日常管理中应适当使用电子化、信息化等技术来进行物流成本控制。

(5)专业控制与全员控制相结合的原则。

对物流成本形成的有关部门进行物流成本控制是必要的,这也是这些部门的基本职责之一。有了全员的成本控制,形成严密的物流成本控制网络,从而有效地把握物流成本形成过程中的各个环节和各个方面,厉行节约,杜绝浪费,降低物流成本,保证物流合理化措施的顺利进行。

2. 物流成本日常控制的内容

物流成本的日常控制可以分为以下几种主要形式:

(1)以物流成本的形成过程为控制对象。

从物流系统(或企业)投资建立、产品设计(包括包装设计)、材料物资采购和存储、产品制成入库和销售,一直到售后服务,凡是发生物流成本费用的各个环节,都要通过各种物流技术和物流管理方法实施有效的成本控制。

(2)以包装、运输、储存、装卸、配送等物流功能作为控制对象。

通过对构成物流活动的各项功能进行技术改善和有效管理,从而降低其所消耗的物流成本费用。

除此之外,物流系统还可以按照各责任中心、各成本发生项目等进行日常成本控制。

 **研究案例**

A 化工物流成本控制的策略

社会在不断地前进,企业在飞速地发展,企业在追求发展速度和规模的同时,往往对"物流冰山"——物流成本没有太多的重视。伴随着"第一利润源"和"第二利润源"的逐渐枯竭,作为"第三利润源"的物流正被越来越多的企业所重视。激烈的市场竞争已经不允许再浪费任何一点可利用的资源,只有这样才能在激烈的市场竞争中占有一席之位。

物流成本是一个广义的概念,可分为横向成本和纵向成本。纵向成本涵盖了企业的战略走向、厂址选择、物资供应、产品概念设计、市场营销和售后服务等一系列问题,故不进行详细的阐述,我们主要从物流成本的横向视角来详细地了解物流成本的控制。横向物流成本是以物流各环节为控制对象的,包括运输、储存、装卸、配送、信息、包装等。也就是通过对构成物流活动的各项功能进行科学管理和技术改进,降低各环节费用,进而从全局的高度来控制物流费用。

1. 运输成本的控制

(1) 制订最优运输计划,实行运输优化。

在物流过程中,运输组织问题是很重要的,从企业到消费地的单位运费、运输距离以及企业产品性质结构、生产能力和市场深度都已确定的情况下,可用线性规划技术(固定函数)来解决运输的组织问题;如果企业的产品结构、生产量和市场需求发生变化的话,则费用函数是非线性(动态函数)的,就应使用非线性规划来解决,但非线性规划的物流成本要远远高于线性规划成本。目前 A 公司还处在一个快速发展时期,产品结构、市场深度还不十分清晰,因此应尽快地缩短非线性时期时间段,来降低物流运输的探索费用。

(2) 规模经济。

目前中国物流还处在起步阶段,但发展速度很快。一些小型的运输公司、货运部、配货站、信息部、仓储部纷纷改头换面组建所谓的物流公司,形成了一台电脑、一张办公桌、一辆轻卡车即可成立公司的局面,而这些公司又往往规模小、能力弱、费用高、服务差,大多的生产型企业根本无法与之合作。因此在寻求合作伙伴时,必须选择有一定规模与实力的物流公司,这样才能有效地控制物流成本。

(3) 运输枢纽效应。

企业产品的性质、单批次运输量、运输频度、消费密集度等都与运输枢纽有直接或间接的联系。A 化工企业地处濮阳,濮阳是非枢纽性城市,同时公司部分产品小批量、远距离运输还较为频繁,加上公司目前还没有一个完善的物流机构,又没有一个物流仓储配送中心,故公司小批量、远距离运输的物流费用居高不下,这直接威胁着公司的效益。目前公司正在筹划建设物流园区是一个很明智的选择。如果条件允许的话,还可以在一些枢纽城市(如郑州)再建立一个小型的物流仓储中心。

(4) 合理选择运输工具。

运输工具的经济性与迅速性、安全性、便利性之间存在着相互制约的关系。因此,在目前多种运输工具并存的情况下,必须根据 A 化工货物的特点及对物流时效的要求,对运输工具所具有的特征进行综合评价,以便做出合理选择运输工具的策略,尽可能选择廉价运输工具,并在汽运的基础上,尝试着一些新的运输工具,如铁路运输等。

(5)注意运输方式。

采用零担运输、集装箱、回程运输等方法,扩大每次运输批量,减少运输次数。采用合装整车运输是降低运输成本的有效途径,合装整车运输的基本做法有:零担货物拼整车直达运输、零担货物拼整车接力直达或中转分运、整车零担等。

(6)减少运输环节。

运输是物流过程中的一个主要环节。围绕着运输活动,还要进行装卸、搬运、包装等工作,多一道环节,需花费许多的劳动,增加不少成本。因此,在组织运输时,对有条件直运的,应尽可能采取直达运输,由产地直运到用户,削减一些代理公司,减少二次运输。同时,更要消除相向运输、迂回运输等不合理现象。

(7)提高货物装载量。

改进商品包装,压缩商品体积并积极改善车辆的装载技术和装载方法,以便运输更多的产品。提高装载率的基本思路是最大限度地利用车辆载重吨位与装载容积。

2. 仓储成本的控制

(1)优化仓库布局,削减不必要的固定费用。

目前,许多企业通过建立大规模的物流中心,把过去零星的库存集中起来进行管理,对一定范围内的用户进行直接配送,这是优化仓储布局的一个重要手段。需要注意的是,库存的集中,有可能会增加运输成本,因此要从运输成本、仓储成本和配送成本的综合角度来考虑仓库的布局问题,使总的物流成本达到最低。

(2)运用存储论确定经济合理的库存量,实现货物存储优化。

货物从生产到客户之间需要经过几个阶段,几乎在每一个阶段都需要存储。在每个阶段库存量保持多少为合理?为了保证供应,需隔多长时间补充库存?一次购进多少原材料,才能达到一个最优的批量采购?这些都是确定库存量的问题,也都可以在存储论中找到解决的办法。其中应用较广泛的方法是最优经济订购批量模型。

(3)缩短库存周期,加快物资周转,盘活流动资金。

在企业里,在追求市场最大化、销售最大化、利润最大化的同时,往往忽视了企业库存最小化的概念。近年来,一些知名的大企业(如海尔、联想)不惜花费巨大精力来打造它们的"零库存"模式,并获得了巨大的成功。其后一些企业也纷纷追随这种新的资本运营模式,并有很大的收获。对于A公司来说,300吨的糠醇存放在大罐里一个月和将相应的钱存放在银行里一个月的概念是完全不同的。

(4)采用现代化库存计划技术来控制合理库存量。

随着科学技术、电脑集成技术的广泛应用,一些现代化的库存管理技术也被应用到企业里面,例如,采用ERP、MRP、MRPⅡ以及JIT生产和供应系统等来合理地确定原材料、在产品、半成品和产成品等每个物流环节最佳的库存量,在现代物流理念下指导物流系统的运行,使存货水平最低、浪费最小、空间占用最小,进而控制成本,提高效益。

(5)库存ABC管理。

在库存管理中应用ABC分类管理法,做好库存物品种类的重点管理和库存安排,提高保管效率。ABC分类管理法符合"关键的少数和次要的多数"的原则,是库存成本控制中一种比较经济合理的常用方法:对于品种少但占用资金额高的A类货物,应该作为重点控制对象,必须严格逐项控制;B类物资作为一般控制对象,可以分不同情况采取不同的措施;而对于C类物资,则不作为控制的主要对象,一般只需要采取一些简单的控制方法即可。

(6)加强仓库内部管理,降低日常开支。

在保证货物质量安全的前提下,更好地堆放和储存货物,以节约保管费用;提高仓库与仓储设备的利用率,掌握好储存额的增减变动情况,充分发挥仓库使用效能;提高仓库保管人员对通风、防火、防盗等安全的工作效率,做好仓库盘点工作,尽可能减少货物损失等。

3. 配送成本的控制

(1)优化配送作业,降低配送成本。

优化配送作业的主要手段有混合配送、差异化配送、共同配送等。混合配送作业是指部分配送作业由企业自身完成,另一部分外包给第三方,这种混合配送作业可以合理安排配送任务,使配送成本达到最小。差异化配送是指按产品的特点、销售水平来设置不同的配送作业,即不同的库存、不同的配送方式以及不同的储存地点。共同配送是一种战略运作层次上的共享,它是几个企业联合、集小量为大量、共同利用共同配送设施的配送方式。针对目前A公司的物流配送系统,可采取混合配送模式:对于大批量的货物,公司采取由自己的车队来完成;而对于一些小批贷、多频率的配送,公司可采取外包给第三方的物流公司的模式。

(2)运用系统分析技术,选择配送线路,实现货物配送优化。

配送线路是指各送货车辆向各个客户进货时所要经过的线路,它的合理与否,对配送速度、车辆的利用效率和配送费用都有直接影响。目前较成熟的优化配送线路的方法是节约里程法。

(3)采用自动化技术,提高配送作业的效率。

配送作业包括入库、装卸、备货、分拣、配载、发货、信息传递等作业环节。入库、备货、分拣、配载、信息传递等效率的提高可以通过电子商务或 EDI 系统来实现;而在保管和装卸作业中,也可以通过自动化技术来降低人工成本,并实现作业的标准化。

(4)建立通畅的配送信息系统。

在配送作业中,需要处理很大的数据量。配送中心内部成本降低的策略方法,其主要手段都要借助于通畅的信息系统,如 ERP 系统、EDI 系统、电子商务系统等,以此提高信息的及时性和准确性,从而降低不必要的成本。

4. 包装成本的控制

(1)选择合适的包装方式与器材。

包装方式与器材的选择直接关系到产品的质量,物流理论中"效益背反"原理被广泛地体现。例如,肥料的包装,可采用包装质量较好的纸筒包装,也可采用包装质量较差的编织袋,但纸筒的成本是编织袋成本的数倍,同时纸筒包装又要占用较大的装载空间。因此,在保证产品质贵的同时,选择合适的包装方式直接影响着物流成本的高低。

(2)提高包装物的再次利用。

产品的包装有多种多样,有的包装物可再次利用,而有的又属于一次性包装。对于生产企业来说,在保证产品质量外观等情况下,选择一次性还是多次性包装物,对企业物流成本控制来说并不是一件小事。

(3)提高防破损保护技术。

这是企业保证产品质量的最低的限度,是每一个企业都必须考虑的问题,特别是企业的高价值产品。

5. 信息成本的控制

传统企业物流是在我国经济、信息技术水平低下的条件下产生的,从事传统意义上的仓储、运输,即进行成品和原材料运输及储存、存货、顾客服务等单项活动。

中国加入 WTO 后,经济的全球化、网络化、信息化等先进信息技术源源不断冲击国内传统物流结构,而现代的物流基础是信息技术。信息技术在物流活动中的运用,不仅大大提高了物流企业的运行效率,降低了物流成本,而且推动了企业物流的网络式发展。在当今的信息化社会,谁占据了信息的制高点,谁就能抢得商机。A 公司目前还没有一个较为成熟的信息系统,营销(包括国内、国外)信息、采购信息、物流信息等还是各自为政,没有达到信息共享的效果,同时物流和商流还交织在一起,很多有用的市场信息被埋没、被浪费。因此,公司未来必须建立一个良好的信息沟通网络平台,达到全球信息及时准确地汇集、传递和分享,让需要的人第一时间了解市场,进而做出正确的判断和决策。

6. 装卸成本的控制

装卸成本的控制主要从两个方面来控制:装卸自动设备和装卸人员的成本控制。对于 A 公司来说,自动叉车的固定成本和维修成本的控制尤为重要,而装卸人员成本的控制则主要表现在劳动效率的提高和劳动强度的均衡上。

思考题

1. 影响物流成本的因素有哪些?
2. 物流成本的分类有哪些?
3. 物流成本核算的方法有哪些?
4. 物流成本核算中存在的问题有哪些?

参考文献

[1] 骆温平.物流与供应链管理[M].北京:电子工业出版社,2013.
[2] 吕建军,侯云先.物流与供应链管理[M].北京:机械工业出版社,2016.
[3] 张庆英.物流案例分析与实践[M].北京:电子工业出版社,2013.
[4] 孙国华.物流与供应链管理[M].北京:清华大学出版社,2018.
[5] 沈默.现代物流案例分析[M].南京:东南大学出版社,2015.
[6] 吴群.物流与供应链管理[M].北京:北京大学出版社,2015.
[7] 申纲领.物流案例与实训[M].北京:北京大学出版社,2014.
[8] 陈长斌.供应链与物流管理[M].北京:清华大学出版社,2012.
[9] 周兴建,蔡丽华.物流案例分析与方案设计[M].北京:电子工业出版社,2018.
[10] 张譞.物流与供应链管理[M].北京:人民出版社,2005.
[11] 顾穗珊.物流与供应链管理[M].北京:机械工业出版社,2012.
[12] 周苏.大数据时代供应链物流管理[M].北京:中国铁道出版社,2017.
[13] 方磊.物流与供应链管理[M].北京:清华大学出版社,2016.
[14] 张浩.采购管理与库存控制[M].北京:北京大学出版社,2010.
[15] 邢可欣,张锌雨.新零售供应链管理新思路:以盒马鲜生为例[J].管理荟萃,2018(10).
[16] 马士华,林勇.供应链管理[M].北京:机械工业出版社,2005.
[17] 宋华,于亢亢.物流与供应链管理[M].北京:中国人民大学出版社,2017.
[18] 科伊尔,巴蒂,兰利.企业物流管理:供应链视角[M].文武,陈志杰,张彦,等译.北京:电子工业出版社,2003.

普通高等教育"十三五"应用型本科系列规划教材

经济学基础	人力资源管理概论
管理学	国际贸易概论
会计学基础	物流管理概论
经济法	物流与供应链管理
运筹学	会计电算化
组织行为学	财务管理
市场营销	现代管理会计(第二版)
计量经济学	商务礼仪
应用统计学	外贸函电
电子商务概论	商务谈判
金融学	微观经济学
供应链管理	宏观经济学
企业管理	数据库原理及应用(第二版)
公共关系学	数据库原理及应用实验教程

欢迎各位老师联系投稿!

联系人:李逢国
手机:15029259886　办公电话:029-82664840
电子邮件:1905020073@qq.com　lifeng198066@126.com
QQ/WeChat:1905020073(加为好友时请注明"教材编写"等字样)

图书在版编目(CIP)数据

物流与供应链管理 / 汪小芬主编. — 西安：
西安交通大学出版社，2019.1(2022.7 重印)
ISBN 978-7-5693-1091-7

Ⅰ. ①物… Ⅱ. ①汪… Ⅲ. ①物流管理-教材
②供应链管理-教材 Ⅳ. ①F252.1

中国版本图书馆 CIP 数据核字(2019)第 010461 号

书　　名	物流与供应链管理
主　　编	汪小芬
责任编辑	李逢国
出版发行	西安交通大学出版社 (西安市兴庆南路 1 号　邮政编码 710048)
网　　址	http://www.xjtupress.com
电　　话	(029)82668357　82667874(市场营销中心) (029)82668315(总编办)
传　　真	(029)82668280
印　　刷	西安日报社印务中心
开　　本	787mm×1092mm　1/16　印张　11.25　字数　281 千字
版次印次	2019 年 6 月第 1 版　2022 年 7 月第 2 次印刷
书　　号	ISBN 978-7-5693-1091-7
定　　价	39.80 元

如发现印装质量问题，请与本社市场营销中心联系。
订购热线：(029)82665248　82667874
投稿热线：(029)82668133
读者信箱：xj_rwjg@126.com

版权所有　侵权必究